COMUNICAÇÃO AVANÇADA

Técnicas para fechar os melhores negócios

Luiz Villalba

COMUNICAÇÃO AVANÇADA

Técnicas para fechar os melhores negócios

MADRAS

© 2001, Madras Editora Ltda.

Editor:
Wagner Veneziani Costa

Produção:
Set-up Time Artes Gráficas

Ilustração da Capa:
Renata Guedes Pacces

Revisão:
Adriane Gozzo

ISBN 85-7374-364-6

Proibida a reprodução total ou parcial desta obra, de qualquer forma ou por qualquer meio eletrônico, mecânico, inclusive por meio de processos xerográficos, sem permissão expressa do editor (Lei nº 9.610, de 19.2.98).

Todos os direitos desta edição reservados pela

MADRAS EDITORA LTDA.
Rua Paulo Gonçalves, 88 — Santana
02403-020 — São Paulo — SP
Caixa Postal 12299 — CEP 02098-970 — SP
Tel.: (0_ _11) 6959.1127 — Fax: (0_ _11) 6959.3090
http://www.madras.com.br

Dedicatória e Agradecimentos

Somos o que somos, resultante das influências que recebemos durante a nossa vida; influências do que vemos, ouvimos, lemos, sentimos e assim por diante.

Pessoalmente, creio que as experiências mais marcantes nos chegam de pessoas especiais que estiveram e estão ao nosso redor, tais como mãe, pai, irmãos, filhos, chefes, namoradas, amigos, subalternos e anônimos que cruzam nossos caminhos.

Sou e serei sempre grato às pessoas que, de alguma forma, exercem um papel singular na minha vida. Sou particularmente afortunado, pois tive oportunidade de conviver com incontáveis pessoas especiais.

Quanto a este livro, em particular, tive oportunidade de agregar experiências riquíssimas com pessoas que foram meus alunos em diversas associações de classe, como Sebrae, Sircesp, Secovi, Fiesp, CNI e outras. Amigos consultores, clientes, empresários e executivos — colegas e expositores — todos tiveram papéis importantes neste livro que eu, meu editor e sua equipe colocamos à disposição dos interessados.

Minha esposa Salete e Rodrigo, meu filho, tiveram participação especial durante o período em que me dediquei ao livro. Meus outros filhos, Diego, Cynthia, Douglas e Luiz Antônio também tiveram muita importância, pois muito aprendi e continuarei aprendendo com eles.

Mamãe Liberata e papai Lelô — obrigado por terem me dado a vida e me tornado gente.

O Autor

Sumário

Introdução 9
Programação Neurolingüística — PNL 13
I — O Poder do Estado Interior 17
II — Dominando a sua Mente — Dirigindo o seu Cérebro .. 21
III — Como Dominar a Estratégia de Alguém 25
IV — Organizando a sua Fisiologia para Vencer Sempre 29
V — Multiplicando a sua Potência Energética 33
VI — A Estratégia do Sucesso Total 37
VII — Moldando o seu Destino mediante o Poder da Decisão . 41
VIII — Poder por Intermédio da Precisão 45
IX — Conseguindo Realização por meio da Harmonia 49
X — Construindo Metaprogramas Vencedores 53
XI — Ancorando-se no Sucesso 55
XII — Construindo Liderança por toda a Vida 59
XIII — As Chaves-mestras da Prosperidade e da Felicidade ... 65
XIV — O Poder da Comunicação Absoluta —............
Como Conseguir 71

XV — Modelando o Sucesso Final 75
XVI — Ação — A Diferença que Constrói a Diferença 77
Excedendo Expectativas — Uma Estratégia para Negociadores
I — Considerações Iniciais 83
II — Como Sintonizar-se com Novos Valores e Obter
seus Benefícios 93
III — Como Lidar com as Dificuldades e Obstáculos durante as Negociações 97
IV — Praticando a Técnica de Comunicação Pessoal
Avançada para Fechar mais Negócios 103
V — Ser Especialista em seu Negócio 105
VI — Ainda a Respeito de Comunicação Avançada 107
VII — Formulário de Avaliação de Contato 109

Conclusão 123

Introdução

"Nós somos o que somos em função da qualidade da nossa comunicação e representação interior. Isso você pode moldar como quiser, sabia?..."

Evidentemente, pode-se desenvolver a mudança desejada mentalmente, desde que se domine algumas técnicas como "neuroassociações" e "PNL". Esta obra se propõe a treiná-lo, para que você possa atingir a excelência no que concerne à qualidade da sua comunicação interior e exterior.

Dedico esta contribuição principalmente às pessoas que pretendem conseguir resultados relevantes nas suas atividades de negociação e vendas. Certamente, o contingente de profissionais que integram esse quadro é muito grande.

Ao longo dos meus 33 anos como consultor de marketing/vendas, negociação e comunicação, vivenciei e experimentei várias modalidades de negociação, nos mais diversos ambientes, com as mais diferentes pessoas de níveis heterogêneos. Por tudo isso, sinto-me confortável ao propor algumas linhas-mestras no que se refere à negociação no cenário competitivo em que vivemos, onde dispomos de pouco tempo, recursos escassos nas mãos dos clientes (que desejam extrair o máximo desses recursos) e, ainda, muitos concorrentes desejando abocanhar de forma intensa esses recursos existentes.

Dentro do cenário em destaque é fundamental que as pessoas que desejam alcançar sucesso em sua direção e esforço aprimorem sua capacidade e repertório de técnicas de negociação — único caminho para conquistar a distinção no mercado em que atuam.

Hoje, vivemos uma nova realidade no que se refere ao conhecimento do nosso negócio. Não importa quem seja você... se pretende manter-se competitivo, terá de agregar em sua vida permanentemente *o estudo de aperfeiçoamento e desenvolvimento do que você faz para ganhar a vida.* Se não o fizer, reservará para si resultados medíocres.

"A empresa acomodada deverá desaparecer, a atualizada deverá sobreviver e a criativa deverá ser bem-sucedida" — Philip Kotten. Todos gostariam de ser bem-sucedidos no que fazem. Entretanto, poucos são aqueles que desenvolvem atividades consistentes de verdade para atingir tal objetivo.

Embora a grande maioria saiba que o caminho do triunfo é difícil, porém viável, os que realizam ações concretas em prol do sucesso ainda são raros. Aqui (neste livro) procuraremos mostrar claramente quais os caminhos que temos de percorrer para alcançar os nossos mais altos sonhos.

"Se os outros puderam, você também pode."
(Lauro Trevisan)

Em face da competitividade crescente que os mercados estão enfrentando no Brasil e no mundo, torna-se vital ao negociador dominar estratégias dotadas de habilidades e tecnologias avançadas para aumentar as possibilidades de resultados favoráveis em seus negócios. O presente livro apresentará aos leitores propostas e estratégias vencedoras, e os orientará sobre como lidar objetivamente com elas para conseguir os objetivos desejados.

Dominando e utilizando técnicas consagradas de "PNL" e "neuroassociações", é possível conseguir resultados maiores e melhores, independentemente de quem seja você agora! Assimilar e aplicar estratégias de pessoas extremamente bem-sucedidas é um dos caminhos que poderão levá-lo rapidamente ao sucesso, *modelagem e ação.*

Esta obra tem como meta também ajudá-lo a elevar suas convicções e a qualidade de sua convicção pessoal. Você não é obrigado a ser o que é hoje. Entretanto, mudar para o ideal requer poder. Isso poderá ser conseguido por meio de uma disciplina e treinamento vigorosos (neuroassociações). Trocar hábitos enfraquecedores por outros, novos e fortalecedores, pode fazer de você um vencedor, mas isso requer poder! E eu estou convencido de que posso ajudá-lo a adquirir o poder por meio de conhecimentos adquiridos, que agora coloco à sua disposição.

"Poder" é uma disciplina que pode perfeitamente ser dominada por quem quiser, desde que se esteja decidido a consegui-lo mediante um treinamento cerebral contínuo.

> *"Detém poder hoje aquele que possui informações."* (conhecimento)
> Autor do livro *Power Shift*
> Alvin Tofler

Possuir informações sobre o que o cliente espera de você, o que efetivamente ele pode negociar com você — condições, magnitude, concessões e assim por diante —, tornará a negociação possivelmente bem-sucedida. Obviamente, dependendo da complexidade da negociação, é preciso muito mais informações além das mencionadas. As pessoas em geral e principalmente aquelas mais competentes na condição de negociadores querem sentir-se seguras de estarem fazendo as coisas certas, sem preocupação com problemas futuros, e sem dúvidas quanto à possibilidade de estarem sendo enganadas ou sendo usadas pela outra parte.

Nesse contexto, torna-se importante a confiança, a credibilidade de quem está propondo a oferta, e isso (muitas vezes) só é possível por meio de muitas horas de avaliação referente ao proponente. Daí ser importante adquirir postura e estratégias que permitam ao cliente julgá-lo como um bom profissional, sério, consistente e competente.

Não há obra de boa qualidade com dedicação simplista e acomodada. Qualquer realização de qualidade requer esmero, às vezes longas horas de reflexão e dedicação, para que todas as fases sejam bem avaliadas e concluídas. Portanto, o negociador que deseja fazer sucesso na sua carreira deverá desenvolver a disciplina de conhecer bem o seu negócio, a sua função, o seu cliente, o seu mercado, os seus concorrentes, e mais, dominar técnicas e habilidades de negociação. Sintetizando, dedicar suas longas horas em busca de aprimoramento e conhecimento (detém poder aquele que tem informações — lembre-se).

Estamos colocando este trabalho à disposição daqueles que desejam atingir metas melhores e maiores (em negociação), independentemente do ramo a que se dedicam. Vamos expor o roteiro que irá fortalecer interiormente os leitores, fazendo-os ganhar mais confiança. Vamos mostrar *como* melhorar sua comunicação interna.

Mostraremos também como modificar favoravelmente a imagem que você tem de si mesmo, como aprimorar a sua comunicação pessoal, como desenvolver habilidades para que as pessoas possam alinhar-se a você em função dos seus objetivos, como fazer para que os outros se sintam harmonizados com você, como julgar acertadamente as pessoas por meio das suas hierarquias de valores e como tirar proveitos importantes de algumas técnicas como "modelagem, metaprogramas, eliciação de estratégias, mudança de representação interior e focalização específica".

Cientificamente, ninguém conseguiu provar até hoje que alguém tenha nascido "superior" a outros. O que nos torna "superiores" no decorrer da vida são as nossas realizações embasadas em ambição, conhecimento, dedicação consciente, convicção e as decisões que tomamos nos lugares e momentos certos. A seguir, apresentamos e sugerimos os meios que irão ajudá-los a crescer e aprimorar suas qualidades — várias delas ótimas, entretanto pouco usadas em seu real benefício.

Convido-lhes concretamente para se concentrar nas propostas aqui sugeridas e afirmo-lhes: vocês nunca mais serão os mesmos!

Programação Neurolinguística — PNL

(Neuro-Linguistic Programming)

Analisando, o nome vem de *neuro*, referindo-se ao cérebro, e *lingüística*, referindo-se à linguagem. Programação é a instalação de um plano ou procedimento. PNL é o estudo de como a linguagem, tanto a verbal como a não-verbal, afetam nosso sistema nervoso. Nossa capacidade de fazer qualquer coisa na vida está baseada em nossa capacidade de dirigir nosso próprio sistema nervoso.

A programação neurolingüística — PNL proporciona uma estrutura sistemática para dirigirmos nosso próprio cérebro, assim como os estados e comportamentos dos outros. Em síntese, é a ciência de como dirigir o cérebro de forma favorável, para se conseguir os resultados que se deseja. Uma das teses da PNL é a que diz que todos nós temos a mesma neurologia. Assim, se alguém no mundo pode fazer qualquer coisa, você também pode, se conduzir seu sistema nervoso da mesma maneira. Esse processo de descobrir, exato e específico, é chamado de "modelagem". Assim, se é possível para os outros no mundo, também é possível para você. Em alguns casos, uma pessoa pode levar anos para encontrar uma maneira específica de usar o corpo ou a mente para conseguir um resultado. Mas você pode copiar as ações que levaram anos para serem aperfeiçoadas e conseguir resultados similares em questão de momentos, ou, pelo menos, em muito menor tempo.

Os dois cientistas precursores da PNL são John Grinder e Richard Bandler. Grinder é lingüístico, um dos mais proeminentes do mundo. Bandler é matemático, gestalt-terapeuta e perito em computadores. Os dois uniram seus talentos numa única tarefa: copiar as pessoas que fossem as melhores nas suas atividades. Conversaram, pesquisaram homens de negócios, terapeutas e outros, a fim de extrair lições e exemplos. Dentre essas pessoas pesquisadas estavam os Drs. Milton Erikson, proeminente hipnoterapeuta, e Virgínia Satir, uma extraordinária terapeuta familiar, que conseguiam resultados extraordinários e com grande velocidade, onde outros terapeutas haviam falhado.

Os Drs. Richard Bandler e John Grinder modelaram as técnicas mais bem-sucedidas dos eminentes especialistas, e mesmo sem longa dedicação descobriram que padrões de ações devem ser seguidos para se criar os mesmos resultados. Então ensinaram seus alunos, que ficaram capacitados a aplicar as mesmas técnicas e passaram a conseguir resultados similares sem possuir a grande experiência dos terapeutas consagrados. Trabalhando com os padrões fundamentais que copiaram de grandes mestres do sucesso, Bandler e Grinder começaram a criar seus próprios padrões, ensinando-os posteriormente aos outros. Esses padrões são conhecidos como programação neurolingüística (PNL).

Bandler e Grinder fizeram muito mais do que nos dar uma série de padrões importantes e efetivos para criar mudanças. Mais importante ainda, deram-nos uma visão sistemática de como duplicar qualquer forma de excelência humana em curto período de tempo. O sucesso dos dois já é legendário. No entanto, a grande maioria dos ex-alunos só aprendeu esses padrões para criar mudanças emocionais de comportamento, sem nunca ter o poder pessoal para usá-las de forma efetiva.

Portanto, possuir conhecimentos sem usá-los para um resultado magnífico não é suficiente. A ação é fundamental para a realização dos nossos sonhos.

Saiba que não há nada de misterioso nem mágico em ser um empresário. Não está na composição genética. É uma disciplina que pode ser aprendida. Estou aqui para compartilhar com vocês o conhecimentos da PNL — voltado para o sucesso — e por meio dela podermos conseguir duplicar e até multiplicar nossos resultados pessoais e profissionais mediante um processo, uma estrutura, uma disciplina, onde quer que possamos estar. Quero compartilhar com vocês alguns dos mais eficientes padrões da PNL, para colocarmos em prática e obtermos tudo aquilo que achamos importante para nossas vidas.

I

O Poder do Estado Interior

Bill Gates, Ted Turner, Jan Carlzon, Philip Crosby, Steven Spielberg, Ayrton Senna; afinal, o que essas pessoas têm em comum além do fantástico sucesso? A resposta é... PODER.

Poder, sem dúvida, é uma expressão muito emocional. As reações humanas variam diante dela. Para alguns, PODER possui conotação negativa. Umas cobiçam poder, outras sentem-se tentadas por ele, como se fosse alguma coisa suspeita. Quanto poder você quer? O que, a rigor, o poder significa para você?

Não vejo o poder como algo a ser imposto; algo pelo qual você pode e deve manipular pessoas. Esse tipo de poder dificilmente dura e não traz felicidade a ninguém. "Robbins" descreve a idéia de poder, com a qual eu compartilho, assim: "Poder supremo é a habilidade de produzir os resultados que mais se deseja e criar valores para outros no processo. Poder é a habilidade de mudar a sua vida, de dar formas às suas percepções, fazer com que as coisas trabalhem a seu favor e não contra você. O poder verdadeiro é compartilhado, não imposto. É a habilidade de definir as necessidades humanas e resolvê-las, tanto as suas como as das pessoas que lhe são caras. É a habilidade de dirigir o seu próprio reino pessoal, seu processo de pensamento, seu comportamento. Assim você consegue com precisão os resultados que deseja".

Hoje, uma das maiores fontes de poder é resultante do conhecimento especializado. "Vivemos a era da informação. Detém o poder aquele que possui informações" (Alvin Tofler — (Powershift).

"Em vez de manufaturas, hoje somos uma sociedade de mentefatura" (Francisco Anton — Universidade de Navarra).

Na sociedade da informática, o combustível, o poder, é o conhecimento. Na sociedade industrial, o poder era resultante do dinheiro, isso segundo John Kenneth Galbraith. Nos dias atuais, qualquer rapaz de jeans pode criar uma corporação capaz de mudar o mundo. No mundo moderno, informação é a diferença que faz a diferença.

Temos nas livrarias diversos best-sellers com receitas de sucessos; por que, então, somente algumas pessoas atingem resultados espetaculares? Por que não somos todos felizes, ricos e bem-sucedidos?

Todo grande sucesso depende de ação concreta. É a ação que produz resultados. O conhecimento é somente um poder potencial que necessita de alguém para transformá-lo em ação de verdade. A real definição da palavra poder é "habilidade de agir" (do inglês "power"). A rigor, o que fazemos na vida é determinado pelo que comunicamos a nós mesmos. Portanto, dependemos da qualidade da nossa autocomunicação para conseguir os excelentes resultados que imaginamos. Assim como dizemos a nós mesmos como nos mover, usar os nossos músculos e expressões faciais, determinamos quanto usaremos do que conhecemos.

Com freqüência, ao vermos pessoas muito bem-sucedidas, achamos que elas são possuidoras de dom especial. Entretanto, uma observação mais cuidadosa mostrará que o maior dom que pessoas excepcionalmente bem-sucedidas têm em relação às comuns é a sua habilidade de agir. É um "dom" que qualquer pessoa pode desenvolver dentro de si. Além de Ted Turner, outras pessoas devem ter percebido que a televisão a cabo tinha enorme potencial econômico. Mas Turner foi capaz de agir e, ao fazer isso, mudou a maneira como muitos de nós vivemos.

Todos produzimos duas formas de comunicação, com as quais elaboramos a experiência de nossas vidas. A primeira refere-se às comunicações internas, que são as coisas que imaginamos, dizemos e sentimos dentro de nós; a segunda refere-se às comunicações externas, expressas por meio de palavras, tonalidades, expressões faciais, postura do corpo e ações físicas para nos comunicarmos com o mundo. Toda comunicação que fazemos é uma ação, uma causa posta em movimento, e todas as comunicações têm algum efeito em nós e nos outros.

Comunicação é poder: aqueles que dominam seu uso de fato podem mudar sua própria experiência de mundo e as experiências do mundo sobre si. Todo comportamento e sentimento está embasado em alguma forma de comunicação. Aqueles que afetam os pensamentos, sentimentos e ações da maioria de nós são aqueles que sabem usar esse instrumento de poder. São pessoas que mudaram o mundo, como Kennedy, Churchill, Mao Tse Tung, De Gaulle, Hitler. Roosevelt, Gandhi, Lênin e outros. O que essas pessoas tinham em comum era o fato de terem sido mestres comunicadores.

Esteja certo de uma coisa: seu nível de domínio da comunicação no mundo exterior determinará seu nível de sucesso no âmbito pessoal, emocional, social e financeiro. Mais importante ainda, determinará o nível de sucesso que você experimentará internamente — alegria, êxtase, felicidade, amor ou qualquer outra coisa que deseje. É você quem decide como se sentir ou agir, baseado nas formas que escolheu para perceber a vida. Em verdade, o significado das coisas é conferido por nós; nós é que determinamos quanto vai custar.

Quando você está no comando de sua mente, pode determinar corretamente quanto, cada coisa deve custar, de acordo com o seu interesse, e não deixá-la fluir solta, sem nenhum domínio efetivo.

Podemos controlar nossas atividades mentais e comportamentos a tal ponto que antes não acreditávamos ser possível. Se você está deprimido, significa que criou e produziu esse estado interior. Se estiver eufórico, criou isso também.

É importante lembrar que emoções, como depressão e fobia, não são vírus que atacam independentemente da sua vontade. Você cria condições, como qualquer outro resultado em sua vida, por meio de ações específicas mentais e físicas. Entretanto, como afirma Richard Bandler, um dos fundadores da neurolingüística, "se você estiver no controle (no volante) do seu cérebro, nada ruim acontecerá, pois você sabe que não vai beneficiá-lo em nada se deixar sua mente viajar solta, sem destino fixo e, tendo consciência disso, vai colocar o seu cérebro para viajar em estradas que trarão benefícios para você, em tudo o que quiser.

Uma vez no comando do seu cérebro, você deve direcioná-lo a produzir os estados vencedores. Deve mobilizar a sua fisiologia, os seus músculos, para produzir entusiasmo, êxtase, determinação, segurança e poder. Tudo isso, adotando o ponto de vista que cria essas emoções. Você pode imaginar as espécies de coisas que criam esses sentimentos. Pode mudar o tom e o conteúdo de seu diálogo interno. Pode adotar as posturas específicas e a maneira de respirar que criam esse estado em seu corpo. Agindo como o indicado, você certamente poderá produzir o sentimento interior que mais desejar, seja força, segurança, alegria, entusiasmo, amor ou outros.

A questão é dominar o roteiro que espera atingir para produzir a mudança desejada. Procure lembrar-se da última vez em que você se abasteceu de segurança para conseguir o que desejava. Mapeando o roteiro, é fácil voltar a produzir o mesmo estado interior — quer seja entusiasmo quer seja êxtase. Siga o exemplo de quando conseguiu obter segurança e conseguirá o sentimento desejado novamente. Assim, você conseguirá produzir o poder do estado interior.

Observações

1 — Chamar um voluntário.
2 — O voluntário deve contar como conseguiu mudar de um estado para outro.
3 — 1ª ação efetiva — 2ª ação — 3ª ação — 4ª, até a última ação que produziu a mudança (mapeando o roteiro).
4 — No caso de não existir voluntário, contar como alguém conseguiu mudar sua conduta para deixar de ser guloso e perder 20 quilos em pouco tempo.
5 — José perdeu 20 quilos a partir do momento que mapeou tudo aquilo que vinha perdendo em carregar um corpo pesado, obeso. Concomitantemente, ele mapeou tudo o que poderia ganhar, tornando-se um homem esbelto e, isso o motivou para desenvolver uma disciplina interior e seguir à risca a descisão que tomou. Isso chama-se poder!

II

Dominando a sua Mente — Dirigindo o seu Cérebro

Em vez de gastar tempo pensando em problemas, direcione sua mente na busca de soluções. Os vencedores das dificuldades criam oportunidades, e os perdedores das oportunidades criam dificuldades. Nessa parte focalizarei como você deve mudar o seu estado interior para conseguir o que quiser, quando quiser. Em geral, as pessoas têm recursos; falta-lhes o controle sobre esses recursos.

Este capítulo orienta como estar no controle, como mudar seus estados, suas ações, trazendo, assim, os resultados desejados. Bandler e Grinder modelaram as técnicas dos terapeutas mais eficientes do mundo e a partir daí conseguiram resultados notáveis em pouquíssimo tempo. De fato, dominando o entendimento de como funciona o seu cérebro, você pode tornar-se o seu próprio terapeuta; pode ultrapassar a terapia para ser capaz de mudar qualquer sentimento, emoção ou comportamento seu, em questão de momentos.

Vejam, nós guardamos no cérebro, como discos numa vitrola, as nossas experiências passadas. Assim como os discos, nossas gravações podem ser tocadas outras vezes, a qualquer momento, se o estímulo certo em nosso ambiente for desencadeado, se o botão certo for acionado. Então, para lembrar das nossas experiências, podemos optar por acionar botões que tocam canções de felicidade e alegria, ou podemos usar botões que aumentem nossas forças, que nos coloquem num estado motivador de fé interior propenso a derrubar a muralha que antes nos parecia impossível, e partir para a escalada rumo a nosso objetivo. A questão é saber com detalhes o roteiro que você cumprirá para ficar triste, deprimido, etc., eliminado-o sempre que quiser e substituindo-o por fatores que o coloquem num estado positivo, motivado, forte e determinado.

O ponto é colocar para tocar os discos que o deixarão cheio de vida, estimulado, invencível, pronto para produzir as coisas marcantes para que a sua vida se torne um show de felicidade e realização.

Aplicando a técnica de:

Mapeamento de sua experiência.
Como tornar consciente o que era inconsciente.
Observações a respeito.

Estruturamos nossas representações internas por meio de nossos cinco sentidos: visão, audição, tato, paladar e olfato, ou seja, nós "experimentamos" na forma de sensações visuais, auditivas, cinestésicas, gustativas ou olfativas. Você pode considerar seus sentidos ou sistemas representacionais como os ingredientes com os quais constrói experiência ou resultado. Lembre-se de que se alguém é capaz de produzir um resultado em particular, este é criado por ações específicas, mentais e físicas. Se você reproduzir as mesmas ações, pode duplicar os resultados que uma certa pessoa produz. Para produzir um resultado, você deve saber quais os ingredientes necessários.

Há duas coisas que podemos mudar, a respeito de nossas representações internas. Podemos mudar o que representamos. Assim, se imaginarmos o pior cenário possível, podemos mudá-lo para o melhor cenário possível. É uma questão de direcionar o seu cérebro nesse sentido, por meio dos ingredientes que você domina e que sabe serem eficientes. Lembre-se do mapeamento do roteiro.

Pare um minuto para lembrar de uma experiência agradável recente que você *tenha tido*. Procure entrar dentro dessa experiência. Veja o que viu com os seus próprios olhos: fatos, imagens, cores, brilhos, etc. Ouça o que ouviu: as vozes, os sons e assim por diante. Sinta o que sentiu: emoções, temperatura... experimente como era.

Você pode mudar radicalmente sua experiência de vida. Lembre-se, aprendemos que todo o comportamento humano é resultado do estado em que estamos, e que nossos estados são criados por nossas representações internas. Sabendo direcionar o seu cérebro para onde quiser, você pode conseguir a experiência que quiser, quando quiser. A chave é conduzir o seu cérebro para os seus objetivos maiores. Em outras palavras, dirigir seu cérebro para gerar qualquer estado ou comportamento que o apóie em suas metas.

III

Como Dominar a Estratégia de Alguém

Algumas coisas exigem grande convicção e energia para serem obtidas. Mas as estratégias não são difíceis. Você pode trazer à tona as estratégias de uma pessoa em instantes. É o que iremos aprender a seguir:
Mestres de comunicação trabalham da mesma forma que um mestre chaveiro. O chaveiro parece um mágico. Ele aciona a fechadura, ouve coisas que você não está ouvindo, vê coisas que você não está vendo, sente coisas que você não está sentindo e, de repente, descobre a combinação certa e abre o cofre. Você pode abrir a combinação da caixa-forte da mente de qualquer pessoa, inclusive a sua própria, se adotar a estratégia do mestre chaveiro. Você tem de procurar por coisas que não via antes, ouvir coisas que não ouvia antes e fazer as perguntas que não fazia antes. Se fizer isso com gentileza e atenção, poderá eliciar as estratégias de qualquer pessoa, em qualquer situação. Pode aprender como dar às pessoas, precisamente, o que elas querem, e pode ensiná-las como fazer a mesma coisa por si mesmas.
A chave para conseguir entender as estratégias das pessoas é estudá-las e dedicar-lhes atenção especial. Elas lhe dirão em palavras, pela maneira com que usam seus corpos, com o olhar. Você pode aprender a ler uma pessoa com a perícia de quem lê um livro ou

um mapa. Lembre-se: a estratégia é simplesmente uma ordem específica de representação visual, auditiva, cinestésica, olfativa e degustativa, que produz um resultado específico. Tudo o que você precisa é fazer com que as pessoas experimentem suas estratégias, e guardar com cuidado o que fazem especificamente para voltar a elas. Uma pista: as pessoas tendem a usar mais uma parte da sua neurologia visual, auditiva ou cinestésica que outras. Assim, como algumas pessoas são destras e outras canhotas, elas tendem a favorecer mais uma modalidade que outra.

Exemplos

- Pessoas que são mais visuais tendem a ver o mundo em imagens. Expressão comum dessas pessoas: "eu vejo, eu não vejo". Outra dica, tendem a falar depressa.
- Pessoas mais auditivas tendem a ser mais seletivas com relação às palavras que usam. Têm vozes mais ressonantes e suas falas são mais pausadas, mais rítmicas e uniformes. Dicas: prestam mais atenção na fala das outras, reagem mais quando alguém muda a voz ou quando surge uma pausa.
- Pessoas cinestésicas tendem a reagir fundamentalmente a sensações; suas vozes escoam devagar. Usam metáforas do mundo físico. Ex.: expressão comum: "sinto escapar das minhas mãos". Estão sempre agarrando alguma coisa concreta; precisam "entrar em contato" com as coisas. Têm necessidade de tocar as pessoas, as coisas.

Todos temos elementos das três modalidades, mas a maioria das pessoas tem um sistema que a domina. Para ter sucesso em sua comunicação com alguém, você deve falar de forma que sua mensagem combine com a maneira que o cérebro dela trabalha (nos termos dela).

Outras dicas

Quando alguém pensa visualmente, o rosto tende a ficar mais pálido. Uma face corada indica acesso cinestésico. Quando a cabeça de alguém está levantada, está num modo visual. Se está balançando ou ligeiramente erguida (como ao escutar), está em postura auditiva.

Observação

Quando alguém olha mais com seu lado esquerdo, está numa postura racional. Quando está olhando com seu lado direito, está numa postura intuitiva, sentimental ou espiritual. O lado esquerdo do nosso cérebro está ligado às coisas racionais, o lado direito, às coisas intuitivas, extra-sensoriais, espirituais e metafísicas.

Lembre-se

Há estratégias para tudo, para compras e para vendas, para ficar motivado, para atrair as pessoas e para ser criativo também. A melhor maneira de aprender não é observar, e, sim, fazer. Faça exercícios, treine sua capacidade de assimilação com mais alguém.

TIPO VISUAL

Perguntas:

— Qual é a primeira coisa que você vê quando acorda de manhã?
— Como era a sua primeira namorada?
— Qual é o animal mais bonito que já viu?
— Imagine o seu carro subindo e flutuando.
— Veja em sua mente um calmo dia de primavera.

TIPO AUDITIVO

Perguntas:

— Diga o nome de uma de suas músicas favoritas.
— Quais os sons da natureza que mais gosta de ouvir?
— Ouça em sua mente um calmo dia de primavera.

— Das pessoas que você conhece, qual tem a voz mais agradável?
— Imagine o som da buzina de um carro transformando-se no de uma flauta.

TIPO CINESTÉSICO

Perguntas:

— Qual a sensação que você tem quando derrete uma pedra de gelo em sua mão?
— O que você imagina quando vê uma linda casa de campo, que tem um lago azul na frente e um gramado verdejante?
— Qual é o carpete mais macio que você já pisou? Onde foi?

IV

Organizando a sua Fisiologia para Vencer Sempre

A fisiologia é o mais poderoso instrumento que possuímos para mudar estados e produzir resultados dinâmicos instantaneamente. Uma maneira de colocar-se num estado que apóie sua realização é agir "como se" já estivesse lá. Agir como se estivesse totalmente energizado produzirá em você uma força impressionante. Eu gostaria muito que conseguissem daqui em diante resultados poderosos. Para que isso se torne viável, você tem de estar com a sua fisiologia mais rica de recursos possíveis, pois não há uma ação poderosa sem uma fisiologia poderosa.

Se você adotar uma fisiologia vital dinâmica autoconfiante, automaticamente adotará a mesma espécie de estado. A fisiologia é uma das maiores alavancas que você precisa em sua ação.

A fisiologia e as representações interiores estão totalmente interligadas. Se você muda sua fisiologia, isto é, sua postura, modo de respirar, sua tensão muscular, sua tonalidade de voz, no mesmo instante você muda também suas representações interiores e seu estado.

Quando você sente cansaço físico, seus músculos estão fracos, você percebe o mundo diferente de quando se sente repousado, vivo e vital. A manipulação fisiológica é um instrumento poderoso para controlar seu próprio cérebro.

Quando você quiser criar um impacto totalmente favorável em alguém, lembre-se de acionar uma fisiologia forte, ou seja, sua respiração, sua postura, seu olhar, sua expressão facial, a qualidade de seu movimento terão de estar num estado muito elevado.

Engraçado! Quando você deixa sua mente desgovernada, se se chateia por alguma coisa e diz a você mesmo: "estou cansado", acaba criando uma representação interior, que levará ao seu sistema nervoso uma mensagem que se tornará realidade. O que você não percebe é que você mesmo produziu esse estado lastimável de ser. Mas você não foi obrigado a produzi-lo; entretanto, produziu algo que não o ajudou em nada, ao contrário, tirou de você mesmo uma chance que poderia ter sido muito melhor — se você estivesse no comando do seu cérebro. Existem pessoas que levam a maior parte de sua vida assim; nem percebem quanto mal estão fazendo a elas mesmas.

Se você tem os recursos para estar alerta e no alto das coisas, se conscientemente adota essa fisiologia, seu corpo também o fará. Mude sua fisiologia e mudará seu estado.

Se você se mantém ereto, se joga seus ombros para trás, se respira profundamente, se olha para cima com o queixo erguido, se você se põe numa fisiologia de recursos, você não pode ficar deprimido.

Lembre-se

Todo comportamento humano é resultado do estado em que estamos.

O seu estado daqui em diante tem de ser de qualidade especial para conseguir apoiar suas metas vencedoras. O seu olhar, os seus músculos, a sua respiração, a sua tonalidade, a sua postura terão de ser mobilizados para conseguir resultados especiais. (Fisiologia especial produz resultado especial.) Assim como mudamos nossas sensações e, da mesma forma, nossas ações, mudando nossas representações interiores e a fisiologia, também a bioquímica e os processos elétricos de nossos corpos serão afetados.

Representação interior, estado interior, comunicação interior, credo interior, habilidade de agir interior, precisão absoluta do que se deseja produzir interiormente são os instrumentos dos quais você irá precisar, e esses instrumentos terão de ser de alta qualidade, para conseguir mobilizar os recursos fundamentais para atingir o sucesso em tudo o que se desejar na vida.

Gostaria de provar mais de seu poder interior e mágico? Como modelar a fisiologia de pessoas que você respeita ou admira? Começará criando os mesmos estados que elas experimentam. Muitas vezes, é possível conseguir uma experiência exata.

Observações

Modelar em PNL significa estudar literalmente para depois desenvolver o mapeamento (roteiro) e produzir resultados iguais, que outras pessoas produziram.

Exemplos

Para produzir o melhor bolo de chocolate é só seguir literalmente o mesmo roteiro do confeiteiro. Para conseguir o mesmo resultado do melhor surfista, deve-se estudá-lo e copiá-lo com precisão. Para isso é necessário desenvolver esforço e concentração, a fim de se conseguir um resultado idêntico. Se deseja conseguir a mesma eloqüência de alguém, especificamente numa argumentação ou discurso, é só estudar e modelar a fisiologia desse alguém — tom de voz, olhar, gestos, movimentação corporal e assim por diante. Fazendo isso, certamente conseguirá o mesmo resultado. O neurofisiologista Donald York, do centro médico da Universidade do Missouri, e o foniatra de Chigaco, Tom Jenson, descobriram que os mesmos padrões se mantêm verdadeiros de pessoa para pessoa.

Este capítulo forneceu-lhe as abordagens diretas para mudar rapidamente os estados. Pela respiração ou movimentação do corpo ou pelos músculos faciais você encontrará uma nova forma para mudar imediatamente o seu estado.

A próxima vez que você encontrar alguém extremamente bem-sucedido, alguém que admire e respeite, imite seus gestos e sinta a diferença.

V

Multiplicando a sua Potência Energética

Vimos que a fisiologia é o caminho da excelência. Uma forma de afetar a fisiologia é mudar o modo como você usa seu sistema muscular. Você pode mudar suas expressões faciais, sua postura e sua respiração. Entretanto, será fundamental o funcionamento saudável do seu sistema bioquímico. Por isso você precisa purificar e nutrir o seu corpo, não o obstruindo nem o envenenando. Neste capítulo olharemos os suportes da fisiologia — o que você come e bebe e como você respira (incluir receitas nutritivas).

Se não possuir uma bioquímica saudável, as representações que o seu cérebro criará serão confusas. É altamente improvável até mesmo que você possa usar o que aprendeu. Como disse certa vez A. Robbins, você pode ter o carro mais lindo do mundo, mas se tentar fazê-lo andar com cerveja, ele não funcionará. Pode ter o carro e o combustível certos, mas se as velas de ignição não estiverem faiscando corretamente, não conseguirá um desempenho máximo.

Quanto mais alto o nível da energia, mais eficiente o seu corpo, melhor você se sentirá e melhor usará o seu talento para produzir resultados relevantes.

Algumas dicas

Para produzir saúde, comece modelando alguém que possui saúde, vitalidade, corpo perfeito, alegria; alguém cheio de energia; ou então siga um roteiro de nutrição que a PNL sugere.

No caso de querer modelar e encontrar dificuldade, procure logo uma academia e diga o que deseja atingir, você verá que conseguirá resultados favoráveis rapidamente se for ao lugar certo.

Quanto ao roteiro de nutrição, vamos adiante: saiba por exemplo que não é a quantidade de horas na cama que garante um sono bem repousado. Você pode permanecer 5 ou 6 horas dormindo e acordar com vitalidade, cheio de vida, desde que tenha um repouso de alta qualidade.

Algumas observações pertinentes

Seguem adiante recomendações produzidas e extraídas de trabalhos de vários especialistas.

Eu chamo a energia de "O combustível da excelência". Quanto mais alto o nível da energia, mais eficiente o seu corpo. E quanto mais eficiente o seu corpo, melhor você se sentirá e melhor usará seu talento para produzir resultados relevantes. Entenda como o seu corpo trabalha, respeite-o e cuide dele, e ele cuidará de você.

Estivemos aprendendo como dirigir nosso cérebro. Agora devemos aprender a dirigir nosso corpo.

Comecemos com a primeira chave para viver com saúde — o poder da respiração. A base da saúde é uma corrente sangüínea saudável, o sistema que oxigena nutrientes para todas as células do corpo. Se você tiver um sistema circulatório saudável, viverá uma vida longa e saudável. Esse meio é a corrente sangüínea. O controle desse sistema chama-se respiração, pela qual você oxigena o seu corpo e estimula o processo elétrico de cada célula.

A respiração não só controla a oxigenação das células. *Controla também o fluxo do fluido linfático* que contém os glóbulos brancos do sangue para proteger o seu corpo. O que é o sistema linfático? Cada célula de nosso *corpo é cercada por linfa.* Você tem quatro vezes mais linfas em seu corpo do que sangue.

Aqui está como o sistema linfático trabalha: o sangue é bombeado do coração por meio das artérias até os finos e porosos capilares. Ele carrega oxigênio e nutrientes ao sistema orgânico, os quais estão difusos dentro desse fluido que circunda as células chamado linfa. As células, tendo conhecimento ou afinidade com o que precisam, tiram oxigênio e nutrientes necessários para sua saúde e, então, eliminam as toxinas, algumas das quais voltam para os capilares. Mas as células mortas, proteínas de sangue e outros tóxicos devem ser removidos pelo sistema linfático. E o sistema linfático é ativado por respiração profunda.

A corrente sangüínea possui uma bomba: seu coração. Mas o sistema linfático não tem. A única maneira da linfa mover-se é pela respiração profunda e pelo movimento muscular. Assim, se você quiser ter uma corrente sangüínea saudável com sistemas linfático e imunológico eficientes, precisa respirar profundamente e produzir os movimentos que o estimulem. Limpar seu corpo por meio de uma respiração eficiente é um dos instrumentos para estimular e preservar uma saúde suficientemente energizada.

Assim, oxigenar completamente seu sistema orgânico parece ser a prioridade número um, além de respirar com eficácia. Lembre-se de que a qualidade de sua saúde é na verdade a qualidade de vida de suas células.

Os atletas dão à sua corrente sangüínea o seu mais importante e vital elemento — o oxigênio. Eles também estimulam o sistema imunológico de seus corpos a trabalhar em níveis máximos ao estimularem o movimento da linfa.

Você pode pôr em prática a seguinte recomendação: respire fundo dez vezes, na proporção citada, pelo menos 3 vezes ao dia. Por exemplo: Inspire fundo pelo nariz enquanto conta até 7. Prenda a respiração por um tempo quatro vezes maior que a inspiração, ou seja, 28. Agora, expire lentamente pela boca durante 2 vezes o tempo da inspiração ou 14. Veja com que números pode começar e, aos poucos, desenvolva maior capacidade pulmonar. Caso a presente proposta esteja fora da sua realidade, o que você não pode esquecer é a proporcionalidade... Inspiração um, segurando respiração 4 vezes mais e soltando a respiração 2 vezes. Pratique esporte se puder: natação, corrida, vôlei, tênis, ginástica aeróbica ou longas caminhadas (no mínimo uma hora por vez). Escolha a sua modalidade preferida e pratique pelo menos 3 vezes por semana. Você vai viver mais e melhor, eu garanto!

Outra chave importante é o princípio de comer alimentos ricos em água. Oitenta por cento de seu corpo é composto por água. Você precisa estar certo de que setenta por cento de sua dieta tem de ser composta de alimentos ricos em água. Isso significa frutas frescas, vegetais ou sucos recém-preparados. A água deve ser consumida de acordo com a sua sede e nada mais. O que você precisa consumir são alimentos ricos em água. Só existem três espécies no planeta: frutas, legumes e brotos. Esses lhe fornecerão abundância de água, a substância que dá vida, que limpa. As recomendações contidas aqui foram retiradas da Academia Nacional de Ciências dos Estados Unidos — USA. Pesquisa realizada junto à população de forma geral chega a concluir que o teor de consumo de alimentos ricos em água não passa de vinte por cento — portanto, muito distante dos setenta por cento recomendados.

Daqui em diante, coma salada nas refeições e, em vez de refrigerante, beba suco de fruta natural. Faça da fruta o seu lanche, em vez de uma barra de doce ou chocolate. Logo você sentirá o seu corpo funcionar com mais eficiência. De acordo com recomendação científica, procure consumir mais frutas do que qualquer outra coisa, pois esta gasta um tempo mínimo para ser digerida e dá ao seu corpo o máximo de retorno. O único alimento que faz seu cérebro trabalhar é glicose. A fruta é principalmente frutose (que se transforma com facilidade em glicose), e além do mais é constituída, na maioria das vezes, em noventa/noventa e cinco por cento de água. Recomenda-se o consumo de frutas principalmente de estômago vazio. Por quê? O motivo é que as frutas não são em princípio digeridas no estômago: são digeridas no intestino delgado. Outra coisa: saiba que se consumir muitas frutas, dificilmente você terá problemas de coração. Cientistas dizem que as frutas contêm bioflavinóides que evitam que o sangue se espesse e obstrua as artérias.

Evite comer carne sempre que for possível. A carne está fervilhante de bactérias de putrefação. Sabe o que são as bactérias de putrefação? São germes do cólon. Conforme explicou o Dr. Milton Hoffman em um dos seus livros, esses germes agem em favor do envelhecimento da pessoa. Comendo muita carne você envelhece mais rapidamente e torna a sua digestão muito mais difícil. Além do mais, muita proteína (carne) está ligada sempre à osteoporose, à degeneração e ao enfraquecimento dos ossos. Os ossos mais fortes do planeta pertencem aos vegetarianos.

VI

A Estratégia do Sucesso Total

VARRENDO A SUA LIMITAÇÃO PARA SEMPRE

Na primeira parte do curso, focalizamos os instrumentos para o poder. Você tem agora as técnicas e os critérios que lhe permitirão descobrir como as pessoas produzem resultados e como modelar suas ações, a fim de poder produzir resultados similares. Você aprendeu a dirigir sua mente e apoiar seu corpo. Agora tem noções claras de como alcançar as coisas para si e para outrem.

Isso nos coloca numa situação importante. A questão é o que quer você e as pessoas que ama e por quem se preocupa. As propostas dessa segunda parte fazem essas perguntas, fazem essas distinções e encontram esses caminhos. Se souber onde quer chegar, agora você possui os instrumentos poderosos! Se não souber, os instrumentos presentes não servirão para nada.

Foi dito aqui que a qualidade de sua vida é a qualidade de suas comunicações. Falarei agora sobre como aperfeiçoar as práticas de suas comunicações, que lhe permitirão usar suas habilidades da maneira mais eficaz para a situação que se apresentar. É importante ser capaz de mapear uma estratégia, a fim de saber com precisão onde quer ir e conhecer as coisas que podem ajudá-lo a chegar até lá. É bom lembrar que não há limites para o que queira fazer. A sua chave é o poder da modelagem. Lembre-se: o resultado de qualquer coisa pode ser duplicado. Se alguém fez e você quer fazer, você pode! Pode fazer um milhão de dólares, desenvolver um relacionamento perfeito, seja lá o que você quiser — você pode!

Se você reproduz exatamente as ações de alguém — tanto interiores quanto exteriores —, então pode produzir o mesmo resultado final. Você já sabe que o sucesso ou o fracasso começam com a crença.

Mesmo que tenha as técnicas e os recursos para fazer o que quiser, se disser a si mesmo que não pode, estará fechando os caminhos neurológicos que tornariam isso possível. Logo, você tem de varrer da sua mente qualquer coisa que possa atrapalhar o seu projeto.

Você aprendeu sobre o poder de estar num estado rico de recursos, criando representações interiores, de modo a sentirem, capacitarem e incentivarem você a realizar seus desejos. Saiba que se estiver comprometido com o sucesso você o criará. Isso! Comprometa-se com o sucesso!

"As pessoas não são indolentes, elas simplesmente têm metas impotentes, isto é, metas que não as inspiram" (insegurança/medo) — A. Robbins.

Quanto mais resultados você desenvolver, mais poder você terá; quanto mais forte você se sentir, mais você poderá entrar em recursos maiores e até em estados mais poderosos.

Quando a mente tem um alvo definido, ela pode focar e dirigir, reforçar e redirigir, até alcançar a meta pretendida. Se não houver uma definição, a energia é dissipada.

Você deve fixar clara e com firmeza em sua mente o que quer e mapear o roteiro para conseguir atingir o seu objetivo. Em outras palavras, faça um mapa das estradas que quer percorrer em sua vida. Planeje para onde quer ir e como espera chegar lá. Não há necessidade de colocar qualquer limite no que é possível. Metas limitadas criam vidas limitadas. Siga essas leis ao formular os seus objetivos.

1 — *Exprima seu objetivo em termos positivos.*

Dizer o que deseja que aconteça.

2 — Seja o mais específico possível.

Use todos os seus sentidos para descrever os resultados que quer.

3 — Tenha um procedimento evidente.

Seja o mais claro possível o tempo todo. Lembre-se: quanto mais clara e precisa for a sua comunicação interior e exterior maior será a sua chance favorável.

4 — Esteja no controle.

Domine, direcione, supervisione, efetue correção de rota quando necessário, esteja no comando sempre.

5 — Verifique se seu objetivo é saudável.

Seu objetivo deve beneficiar você e outras pessoas.

6 — Passe a viver com antecedência o sucesso do seu projeto.

Crie as representações interiores como se já tivesse atingido os resultados maravilhosos que deseja e projete a sua imaginação nesse mundo singular — vai lhe fazer bem e o apoiará efetivamente em suas realizações.

A PNL confirma: Há algo bastante espantoso sobre o que acontece quando você tem uma clara representação interior do que quer. Isso programa sua mente e corpo para alcançar aquela meta.

VII

Moldando o seu Destino mediante o Poder da Decisão

Uma obra-prima não pode ser delineada em poucas horas e muito menos construída em poucos dias ou meses. A realização de uma grande obra, que pode mudar a sua vida, requer concentração e ação constantes. Se você começar a pensar pra valer e passar a agir com determinação a partir de agora, daqui há dez anos certamente você chegará a um elevado grau de realização; você poderá ser um sucesso, sentindo intimamente um grande orgulho disso. Eu lhe convido para projetar e mudar os próximos dez anos da sua vida. Devemos aproveitar o momento já; para que adiar mais?! Estamos agora em um novo milênio e você não vai deixar passar esta oportunidade para iniciar um projeto de vida vencedor. Comece agora condicionando a sua mente para o sucesso, desenvolva diariamente em sua vida a partir de agora uma disciplina continuada, comprometida com o sucesso; você pode conseguir, se decidir isso agora.

Nós somos o que somos pelas decisões que tomamos e pelo que fazemos para transformar essas decisões em fatos, em realizações. Se você tomou decisões tímidas e sequer as respeitou devidamente, não tendo persistido, não dando continuidade crescente às metas estabelecidas, obviamente você não será um sucesso; ao contrário, será um fracasso e logo levará uma vida pobre.

Permita-me compartilhar com você a satisfação que estou sentindo neste instante, para elevarmos juntos nossas metas de vida.

Proponho-me a contribuir com você quanto ao seu treinamento para o sucesso. Mas vou logo lhe dizendo: não se acomode, não negligencie, daqui em diante procure fazer o melhor que puder pelo seu sucesso, assim você o transformará em realidade, desde que percorra o caminho que vamos decidir juntos.

Portanto, comece a viver interiormente a certeza de que você será um sucesso. Daqui a alguns anos você vai olhar para trás e sentirá orgulho pelo caminho que um dia decidiu trilhar, e isso elevará em muito o juízo que você fará de si próprio.

Então vamos entrar em ação imediatamente, pois o meio mais poderoso de moldar nossas vidas para o sucesso é agir. A distinção da ação que vai empreender agora o levará um dia a uma gratidão profunda, que lhe encherá o coração de orgulho. A ação é uma causa desencadeada que produz resultado, e é isso o que nós mais queremos neste momento, não é mesmo? Se queremos dirigir nossas vidas, devemos controlar nossas ações sistemáticas. O que fazemos de vez em quando não molda a nossa vida, e sim o que fazemos sistematicamente. O que determina que ações efetuamos e, portanto, quem nos tornamos? E qual é o nosso supremo destino na vida? O que é o pai da ação? A resposta é: o poder de decisão. Tudo o que acontece em sua vida começa com uma decisão!

Mais do que qualquer outra coisa são nossas decisões, não as condições de nossas vidas que determinam nosso destino.

Projetando um mapa, ou um guia, ou um roteiro (dê o nome que quiser) de como pretende viver sua vida nos próximos anos e agindo para transformar em realidade esse sonho — já não será o mesmo, nunca mais! —, você terá elevado os seus valores e com isso dará muito mais importância a si mesmo. Decida moldar a sua vida, pois não fazendo isso o ambiente em que vive moldará de qualquer jeito, ou seja, se você não dirige a sua vida, o ambiente se encarrega de reservar a você qualquer coisa sem importância.

Lembre-se

A diferença que faz a diferença é a ação. A questão não é estar apenas interessado, e sim empenhado! Muitas pessoas estão interessadas em mudar de vida, gostariam de *ter* uma vida melhor; entretanto, os que conseguem transformar suas vidas para melhor são as pessoas que agem de verdade! Você tem de fixar metas e padrões claros e depois procurar atingi-los por meio da ação — procure manter a decisão de viver a sua vida no mais alto nível possível. Infelizmente, a maioria das pessoas nunca faz isso por estarem demasiadamente ocupadas em criar desculpas. A maioria das desculpas são oriundas da falta de convicções consistentes. Usar o poder da decisão dar-lhe-á a capacidade de vencer qualquer desculpa e modificar qualquer parte da sua vida em um instante.

Você não é obrigado a fazer o que vem fazendo nos últimos anos, se assim desejar. Nesse exato momento você pode tomar uma decisão que vem adiando. Se você realmente decidir mudar, poderá fazer qualquer coisa. Se você não gosta do relacionamento em que está envolvido agora, tome a decisão de mudá-lo. Se não gosta de seu emprego atual, mude de emprego; se não gosta do modo como se sente a seu próprio respeito, modifique isso. Você pode moldar as coisas sim! Moldar de acordo com o que queira ser.

Tudo o que você precisa é decidir e agir, usando um mapa de acordo com o desejado e agindo para fazer acontecer. Porém, sugiro que respeite com devoção o que você decidiu. No meio do caminho, vai corrigir e aperfeiçoar o roteiro que você elaborou. Não fique preocupado por isso — todos os projetos bem-sucedidos foram modificados nos seus percursos. Seja quem for você agora, não importa, você tem o direito de sonhar e sonhar alto. Tome agora a decisão que poderá orientá-lo em uma nova direção positiva e poderosa, em busca do crescimento e da felicidade.

As verdadeiras decisões são os agentes catalisadores para converter nossos sonhos em realidade. O mais extraordinário nesta força, neste poder, é que você já o possui. O ímpeto da decisão não é algo reservado apenas a poucos eleitos, com as credenciais certas. Está disponível tanto ao trabalhador comum quanto ao Presidente da República. Está disponível agora mesmo, você poderá usar essa força poderosa que guarda no seu interior, bastando reunir a coragem e iniciativa para reivindicar da vida o que acha que tem direito. E diga alto interiormente: ninguém me impedirá de realizar o que agora decido fazer por mim! E procure a partir desse momento viver em sintonia com os padrões que você decidiu adotar.

Existem pessoas que dizem: "Gostaria de tomar uma decisão, mas não sei como poderia mudar a minha vida". Essas pessoas deixam-se paralisar pelo medo de não saberem como transformar seus sonhos em realidade. Por isso, nunca tomam as decisões que poderiam transformar suas vidas nas obras-primas que merecem ser.

O importante agora é decidir; depois você encontrará o caminho. Um processo simples e que funciona é o seguinte: 1º) decida o que deseja; 2º) entre em ação; 3º) verifique o que está funcionado ou não; e 4º) mude o seu enfoque até alcançar o que quer.

Decidir produzir um resultado desencadeia os acontecimentos. Ghoete já dizia: "Se você mobiliza um acontecimento, a providência se encarregará de cumprir a sua parte".

Mahatma Ghandi, modesto advogado, pacifista por convicção, alterou o poder no mundo a partir de uma decisão tomada; liberou o seu país (a Índia) dos domínios ingleses, alicerçado numa decisão e/ou convicção poderosa.

W. Churchill resgatou o orgulho e o heroísmo de um império a partir de uma decisão (Inglaterra), quando o seu país estava sendo aniquilado pelo inimigo (Alemanha de Hitler).

Soichiro Honda, Akio Morita, Amador Aguiar, Olavo Setubal, Silvio Santos, Victor Civita, Bill Gates — o que esses homens têm em comum é que nenhum deles nasceu bilionário, mesmo assim construíram impérios a partir de decisões consistentes e padrões de ações que foram aperfeiçoando ao longo do processo. Se eles puderam, outros poderão. Eu direi mais, tenho certeza de que aqui mesmo, entre nós que estamos nos lapidando, esculpindo os nossos conhecimentos para depois agir, apoiados em decisões e convicções fortes e utilizando os instrumentos poderosos nos processos de nossas metas, existem pessoas que irão também construir impérios. Não tenho dúvida disso!

VIII

Poder por Intermédio da Precisão

Planeje o seu mundo ideal, planeje o seu ambiente ideal, e ponha-se a imaginar como será maravilhoso quando conseguir isso. Acredite, se você fizer todos os dias tudo o que for possível em benefício disso, não vai dispor de tempo para pensar e se dedicar a coisas insignificantes. Se você der ao seu cérebro a mensagem nítida, precisa e direta do que você quer todos os dias, isso se transformará em realidade. Isso é tão verdadeiro que a PNL diz: tendo um alvo nítido, preciso e permanente, mesmo na hora em que estiver dormindo, o seu inconsciente trabalhará em benefício das suas aspirações.

Observações

Segundo Albert Einstein, "para realizar o seu grande sonho, você deve começar hoje. Por que esperar?"
Shakespeare já dizia: "ação é eloquência".
"Comece hoje com as ações concretas, focalizando a realização do seu grande projeto — eu já comecei o meu" (L. Villalba).
Existem expressões com qualidades mágicas e inebriantes pronunciadas pelos mestres comunicadores, os quais jamais nos esqueceremos. Citarei quatro exemplos:
J. Kennedy, Churchill, Napoleão Bonaparte e Marco Aurélio, considerado o último grande Imperador Romano (filósofo).

"Não pergunte o que seu país pode fazer por você e, sim, o que é que você pode e deve fazer pelo seu país" (Kennedy).

"Deus, conceda-me a chance de continuar vivo, enquanto o inimigo viver" (Churchill).

"Se deseja a paz, prepare-se para a guerra" (Napoleão).

"Experiência é um troféu composto de todas as armas que nos feriram" (Marco Aurélio).

John Grinder e Richard Bandler descobriram que todos os grandes executivos e pessoas extremamente bem-sucedidas possuem um atributo comum, que é a técnica precisa da comunicação. Essas pessoas, segundo os pais da PNL, chegam ao coração da informação com grande precisão e comunicam com grande competência.

Lembre-se

Aprendemos que o mapa não é o território. As palavras que usamos para descrever experiências não são as experiências. São apenas a melhor representação verbal daquilo que podemos apresentar.

Portanto, assim como a linguagem exata tem a capacidade de movimentar as pessoas em direções úteis, uma linguagem confusa pode desencaminhá-las.

A. Robbins escreve: "Se tem que pedir ajuda, peça com crença concentrada, pois a maneira mais segura de fracassar é transmitir insegurança. Se você não está convencido sobre o que está pedindo, como pode alguém mais estar? Portanto, quando pedir faça com absoluta convicção".

Daqui em diante, toda vez que tiver dúvida sobre alguma coisa, procure concentrar-se especificamente. Qual é a minha dúvida específica?

Toda vez que for comunicar alguma coisa a alguém defina especificamente o que deve ser comunicado.

Coloque-se no lugar do outro e procure saber, se você estivesse no lugar dele, o que realmente gostaria de saber.

Procure saber o que precisamente o outro espera de você. Concentre-se na importância da precisão.

Veja... Se quer fazer algo, no entanto você diz a si mesmo: "não posso, não vou conseguir". Sugiro: pergunte imediatamente "o que aconteceria se eu pudesse?". A resposta seria uma lista de ações e sensações positivas. Criaria novas representações de possibilidades, e assim novos estados, novas ações e, potencialmente, novos resultados. Lembre-se, seu cérebro precisa de sinais claros para operar eficazmente.

Se alguém diz "seu plano simplesmente não funciona", você precisa especificamente saber onde está o problema.

A próxima vez em que ouvir: "eles não vão me compreender" ou "eles não vão me dar oportunidade", reaja assim: bem, especificamente, quem são "eles"?

Se você especifica onde está o problema e ocupa-se dele, está no caminho para conseguir uma mudança valiosa. Lembre-se, quanto mais o mapa se aproxima do território real, mais valioso ele é. Você vai perceber a diferença da sua eficácia quanto mais usar o modelo de precisão. Com o passar dos dias, perceberá que o estará usando naturalmente.

Da próxima vez que alguém lhe disser: "sei lá, tenho dúvida!" ou "não sei se vai dar certo!", pergunte qual é a sua dúvida especificamente. Ou por que pensa que não vai dar certo.

Perceba o seguinte: trabalhando com o modelo da precisão você sai de uma generalidade para ingressar no mundo específico. É por intermédio do mundo e da ação específica que você consegue os resultados específicos.

Não concentre sua atenção no problema. Direcione seu pensamento para a obtenção da solução.

Outra moldura interessante: escolha perguntas construtivas. Exemplo: "como" em vez de "por que". Perguntar "por que" pode lhe dar razões, explicações, justificativas e desculpas. Pessoas bem-sucedidas não estão interessadas na racionalização do porquê de alguma coisa estar indo mal: querem descobrir como fazê-la dar certo. Isso significa que suas técnicas de comunicação devem refletir avanços, não passados.

IX

Conseguindo Realização por meio da Harmonia

Pense numa época em que você e outra pessoa estavam em sintonia. É bem provável que você descubra que pensavam da mesma forma ou sentiam-se do mesmo jeito em relação a algo comum, como um livro, uma experiência. Pode não ter notado, mas possivelmente tivessem tipos semelhantes de respiração ou fala.

Harmonia é a habilidade de entrar no mundo de alguém, para fazer esse alguém sentir que você o entende, que vocês têm um forte vínculo comum. Essa é a essência da comunicação bem-sucedida.

Desenvolvendo a harmonia com as pessoas certas, você será capaz de preencher as necessidades delas, e elas serão capazes de preencher as necessidades próprias e também as suas.

A habilidade de estabelecer harmonia é uma das mais importantes técnicas que uma pessoa pode ter. Harmonia é a habilidade de formar um poderoso vínculo comum humano e um relacionamento de compreensão.

Há sempre alguém que pode ajudá-lo a realizar suas metas com mais facilidade e maior rapidez. Alguém mais que sabe como chegar lá mais rápido e com maior eficiência. A maneira de atrair essa pessoa é conseguir harmonia, o vínculo mágico que une as pessoas e as faz sentirem-se parceiras.

"Se você quiser ganhar alguém para a sua causa, primeiro convença-o de que é seu amigo sincero" (Abraham Lincoln).

A PNL indica: para se conseguir harmonia é preciso aplicar a técnica da "espelhagem ou "igualagem", que consiste em espelhar uma fisiologia comum com a pessoa com quem se deseja estabelecer a harmonia.

Isso é o que o grande hipnoterapeuta, o Dr. Milton Enckson, fez. Ele aprendeu a espelhar os tipos de respiração, postura, tonalidade e gestos de outras pessoas. E fazendo isso, alcançou uma tonalidade harmoniosa em questão de minutos. Pessoas que não o conheciam, de repente, passaram a confiar nele irrestritamente.

Portanto, pense no incrível poder da harmonia que você pode desenvolver com palavras e fisiologia unidas.

Enquanto as palavras estão trabalhando na mente consciente de uma pessoa, a fisiologia está trabalhando no inconsciente. É onde o cérebro está pensando: "Ei, essa pessoa é como eu, ele deve ser legal". E uma vez que isso ocorre há uma tremenda atração, uma tremenda ligação. E por ser inconsciente é ainda mais eficiente.

Para espelhar alguém, comece com a voz dela, espelhe sua tonalidade e fraseado, seu diapasão, a velocidade da fala, tipos de pausas que faz, seu volume, seu olhar, seus gestos e seu semblante. Sabe o que acontece? É como se as pessoas tivessem encontrando sua alma gêmea, alguém a quem entendem totalmente, que pode ler seus pensamentos mais profundos, que é como elas. Espelhar é uma técnica como qualquer outra. É preciso praticá-la para desenvolvê-la.

Nada impede que você comece a usá-la a partir de agora! E conseguir resultados imediatos (imitar/copiar), palavras similares.

Observação

Contando um caso recente.

Um passageiro sentado na poltrona do avião comercial, em pleno vôo, observa uma passageira que faz um certo olhar, um certo gesto, uma certa postura corporal e assim por diante. O passageiro passa a fazer os mesmos movimentos, e a passageira começa a perceber e vai ficando também atenta ao passageiro, cada vez mais a um dado movimento. Provavelmente, passados trinta minutos, a passageira não se contém e passa a olhar o passageiro com mais intensidade, encontrando reciprocidade nele. De repente, estabelece a passageira uma fisiologia como se estivesse dizendo: "puxa! vem falar comigo!". O passageiro vai, aproxima-se e começa um diálogo assim: Tenho a impressão de que a conheço há muito tempo. Resposta: eu tenho a mesma impressão.

Conclusão

Não foi um ato espontâneo o que acabo de contar. É que o passageiro conhecia a técnica da espelhagem/igualagem.

X

Construindo Metaprogramas Vencedores

A mais inspiradora mensagem, o mais profundo pensamento, a crítica mais inteligente são absolutamente sem sentido se não forem entendidos pelas pessoas a quem foram endereçados.

Se você deseja ser um mestre da persuasão, um mestre comunicador, então terá de encontrar a chave certa. O caminho é por meio de metaprogramas. Metaprogramas são as chaves de como uma pessoa processa informações; são os programas (escolhas) interiores que usamos para decidir em que devemos prestar atenção.

Nosso cérebro processa as informações da mesma forma que um computador. Capta uma quantidade fantástica de dados e organiza-os numa configuração que faz sentido para cada um de nós.

Para comunicar-se efetivamente com uma pessoa, você tem de compreender seus metaprogramas. O primeiro metaprograma inclui mover-se em direção a alguma coisa.

Todo o comportamento humano gira em torno de conseguir prazer e evitar a dor. As pessoas movem-se em direção a alguma coisa que lhes dá prazer. Logo, é importante observar para onde se dirigem as pessoas nas quais você tem interesse. A preferência da direção indica para onde ela vai.

Todos se movem em direção a alguma coisa e afastam-se de outras. Ninguém reage da mesma forma a todo e qualquer estímulo.

As pessoas reagem de acordo com sua percepção do mundo a seu redor. Uma pessoa pode adorar saltar de um trampolim de 10 metros de altura... para outra, isso pode significar um horror, que dá calafrios.

Para descobrir de que modo as pessoas se movem, pergunte-lhes o que mais desejam em sua vida. Faça com que falem das coisas e assuntos das quais têm preferência.

O segundo metaprograma trata de estruturas conceituais exteriores e interiores. Exemplo: pergunte a qualquer pessoa como ela sabe que fez um bom trabalho. Se responder "o chefe me elogiou", indica que esta pessoa tem estímulo conceitual exterior... À mesma pergunta outra pessoa pode responder "eu sinto, estou convencida de que fiz um bom trabalho, ninguém precisa me dizer", isso indica que a pessoa tem estímulo conceitual interior.

Para conseguir sucesso com uma pessoa de estímulo conceitual exterior, você deve agir usando referências elogiosas, como: estou encantado pela maneira como você percebe as coisas, fulano e cicrano vão adorar saber a sua maneira de ser... Com a pessoa de estímulo conceitual interior, você precisa fazer apelo, como: tenho certeza de que você julgará com sabedoria; usando sua experiência você conseguirá.

Outras dicas

Pessoas muito experientes e bem-sucedidas normalmente reagem mais com estímulo conceitual interior.

Pessoas novatas, sem muita experiência, reagem mais a estímulo conceitual exterior.

XI

Ancorando-se no Sucesso

Você pode desenvolver-se usando a harmonia, entendendo os meta-programas, aprendendo a ajustar os outros em seus termos. Modelar a excelência é crucial para aprender a criar rapidamente os resultados desejados.

A chave para a vida é ir abrindo avenidas e mais avenidas. Conseguir abrir o maior número de portas. É isso que estou começando a fazer com o meu projeto.

Estou convencido: não há essa coisa chamada resistência, há somente comunicadores inflexíveis e incapazes, que empurram os seus objetivos na direção errada, quando o ideal é encontrar pontos de concordância, alinhar-se com esse alguém e então redirecionar a comunicação de maneira harmoniosa.

(Pedir para que alguém fale.)

Exemplo

Alguém lhe diz: "Você está absolutamente 'errado' sobre isso ou aquilo". "Não estou errado, estou absolutamente certo" — você responde com veemência. O diálogo empaca, fica travado e cria-se um conflito, ou no mínimo haverá resistência.

Entretanto, se disser: "Respeito a intensidade do seu sentimento sobre isso e penso que, se você ouvir o que acho disso, poderá se sentir diferente".

Observe: você não precisou concordar com a pessoa.

"A pessoa muito insistente em "seus pontos de vista" encontra poucos a concordar com ela" (Lao Tsé).

Alinhe-se com gentileza em vez de empurrar. Encontre pontos de harmonia com outra pessoa, para avançar nos seus objetivos.

A Dra. Virgínia Satir costuma proceder conforme indica o roteiro a seguir para criar um clima favorável ao diálogo.

Vocês se lembram do dia em que se conheceram? Lembram-se, daquele momento mágico, do primeiro olhar, das palavras gentis que expressaram, dos gestos, das atenções? Lembram-se do que tudo isso produziu dentro de vocês? Percorrendo o caminho assim, a grande terapeuta conseguiu reviver na imaginação do casal cliente os momentos inebriantes experimentados em outras épocas, e assim torná-los conscientes de que é possível recuperar o que a princípio parece estar perdido.

Ancorar é a técnica mais efetiva que conheço para canalizar construtivamente nossas poderosas reações, de forma a estarem sempre ao nosso dispor.

Nós vivemos num mundo de estímulo/reação, onde muito do comportamento humano consiste em reações inconscientes programadas. Por exemplo: muitas pessoas sob pressão, imediatamente procuram por um cigarro, álcool ou pílulas para dormir. São reações inconscientes. Muitas dessas pessoas gostariam de mudar seu comportamento. Sentem que seus comportamentos são inconscientes e incontroláveis. A chave é tornar-se consciente do processo (âncora), assim, se as âncoras não o apóiam, você pode eliminá-las e substituí-las com novos vínculos estímulo/reação, que o colocarão no estado em que deseja.

Portanto, âncoras são associações mentais — se não forem convenientes, desde que você as torne conscientes, você poderá substituí-las por associações que podem apoiá-lo em suas metas maiores.

A Dra. Virgínia Satir induz os seus pacientes a ancorarem-se em associações agradáveis, e a partir daí ela consegue conduzir o seu trabalho com perspectiva real de sucesso. Todos nós podemos produzir interiormente as âncoras favoráveis para atingir os nossos objetivos maiores. Agora sabemos o que fazer para produzir os estados interiores que desejamos.

Reestruturando suas crenças limitadas e ancorando os seus melhores estados, você também conseguirá os melhores resultados no que desejar na vida.

Gostaria que você pensasse agora na experiência positiva mais poderosa que já teve em toda a sua vida. Ponha essa experiência e suas sensações em sua mão direita. Pense numa época em que se sentiu totalmente orgulhoso de alguma coisa que fizera e coloque essa experiência também em sua mão direita. Agora pense numa época em que se sentiu poderoso, positivo, amoroso, e coloque essa experiência também em sua mão direita. Lembre-se de uma época em que vivia rindo. Pegue essa experiência e coloque-a também em sua mão direita. Agora repare nesses sentimentos poderosos, as sensações formidáveis que criaram dentro de você.

Você acaba de reunir âncoras poderosas; isso significa que poderá reuni-las tantas vezes quantas forem necessárias, sempre que precisar ou desejar.

XII

Construindo Liderança por toda a Vida

Saiba agora o que são as hierarquias de valores e utilize-as para julgar situações e pessoas com acertividade total.

Todo sistema complexo tem de ser congruente, seja um computador, uma turbina ou um ser humano. Suas partes têm de trabalhar juntas; se elas não trabalharem juntas, não haverá *sincronia,* logo, o esforço não produzirá um alto teor de realização.

Podemos aprender a produzir os mais efetivos comportamentos, mas se não estiverem apoiados nas nossas mais profundas necessidades e desejos, se esses comportamentos infringirem coisas que são importantes para nós, então teremos conflitos interiores, ou seja, uma pessoa alcança uma meta, mas, ao fazê-lo, violou sua própria crença sobre o que é certo ou errado, então resultou a confusão. Esse é o elemento chamado "valor".

Que são valores? São simplesmente as nossas próprias crenças pessoais e individuais sobre o que é mais importante para nós.

Nossos valores são as coisas que precisamos para seguir em frente. Se não os temos, não nos sentiremos completos e realizados. Nossos valores até determinam do que devemos nos afastar e do que nos aproximar. Nossos valores, inclusive, determinam o estilo de vida que nos faz bem. E bom que saibamos também que os nossos valores podem mudar na medida em que as nossas metas ou imagens próprias mudarem. Portanto, é interessante que você descubra os seus valores. O desafio é que, para a maioria das pessoas, muitos dos seus valores são inconscientes. Muitos dos conflitos que as pessoas têm na vida resultam de valores conflitantes. Por isso é que elas não se sentem à vontade com pessoas de valores diferentes dos seus.

Os valores são um dos mais importantes instrumentos para se descobrir como uma pessoa trabalha. Para lidar efetivamente com pessoas, precisamos descobrir o que é mais importante para elas, especificamente quais são as suas hierarquias de valores. Você pode ter grande dificuldade para compreender a motivação de uma outra pessoa, a menos que saiba a importância relativa dos valores. Uma vez sabido, você pode virtualmente antecipar como irá reagir frente a uma circunstância específica. Conhecendo a sua própria hierarquia de valores, você fica fortalecido para resolver qualquer relacionamento ou representação interior que seja conflitante para você.

Você pode ter 200 milhões de dólares, mas se a vida que leva entra em conflito com seus valores você não será feliz. Vemos isso com freqüência. Pessoas com saúde e poder levam vidas pobres. Exemplos: Elvis Presley, Marylin Monroe, Jimmy Hendrix e outros. Não é uma questão de quais valores são certos ou errados. É importante saber quais são os seus valores, a fim de que você possa dirigir, motivar e apoiar-se no nível mais elevado. Todos temos um valor maior, uma coisa que mais desejamos de qualquer situação. Poder, amor, compreensão, admiração, segurança, liberdade, dinheiro, alegria, magnetismo, êxtase, prestígio, e assim por diante.

A maioria das pessoas é totalmente ignorante com relação a suas hierarquias de valores ou a das pessoas que amam. Você não pode satisfazer as necessidades de alguém se não souber quais são elas, ou seja, seus valores.

A primeira chave para compreender é *eliciá-las*. Você precisa colocar uma estrutura em volta dos valores que está procurando. Isto é, precisa eliciá-las num contexto específico. Exemplo: você deve perguntar: "o que é mais importante para você numa relação pessoal?". A pessoa pode responder: "o apoio". Então pergunte: "por que é importante o apoio?". Ela pode responder: "mostra que alguém me ama". Você pode perguntar: "por que é tão importante quando alguém te ama?". Ela pode responder: "isso cria em mim sentimentos de alegria". Continuando a perguntar mais e mais, você começa a desenvolver uma lista de valores.

Para uma compreensão clara da hierarquia de valores de alguém, tudo o que você precisa fazer é pegar essa lista de palavras e compará-las. Pergunte: "o que é mais importante para você? Ser apoiado ou sentir alegria?". Se a reposta é "sentir alegria", então é óbvio que a alegria está mais alta na hierarquia de valores. A seguir você perguntaria: "o que é mais importante para você, sentir alegria ou ser amada?". Se a reposta é "sentir alegria", então, desses três valores, alegria é o número um. Pergunte então: "o que é mais importante para você? Sentir-se amada ou apoiada?". A pessoa pode responder: "Bem, ambas são importantes". Você replica: "Sim, mas qual é a mais importante: que alguém a ame ou que alguém a apóie?". Ela pode dizer: "é mais importante que alguém me ame". Agora já sabe qual é o segundo valor mais importante.

As pessoas têm certos valores que, quando violados, rompem um relacionamento importante. Os valores violados de uma pessoa afetam profundamente os seus sentimentos emocionais; é por isso que, na maioria da vezes, se rompem relações importantes, às vezes relações de muitas décadas, e as pessoas afetadas ficam quase sempre perdidas, deslocadas, doentes, até reencontrarem seus caminhos e, mesmo assim, muitas sentem-se marcadas a vida inteira.

Procure reunir as suas próprias hierarquias de valores fazendo o seguinte: desenvolva uma lista como sugiro a seguir. (Você pode e deve aumentar a lista sugerida.)

Amor
Família
Alegria
Liberdade
Compreensão
Apoio
Respeito
Amizade
Prestígio
Segurança
Profissão
Riqueza material
Conforto

Procure meditar detidamente sobre o significado de cada um e vá classificando por ordem de importância: 1º, 2º, 3º, 4º, 5º, e assim por diante. Isso vai ajudá-lo e apoiá-lo o resto de sua vida para viver em harmonia consigo mesmo, e mais, irá priorizar as coisas verdadeiramente importantes para você e para as pessoas a quem você ama. Você também será mais bem-sucedido daqui em diante no seu relacionamento com as pessoas.

Muitas pessoas ficam surpresas ao descobrir seus valores mais altos. Entretanto, tornando-se conscientemente informadas de suas hierarquias de valores, elas começam a entender por que fazem o que fazem. Agora que você já sabe quais são os seus valores mais altos, comece a dirigir suas energias para alcançá-los.

Outras dicas

Quando estiver se dedicando para conhecer as hierarquias de valores de outras pessoas, procure saber especificamente o significado de cada palavra, referente a cada assunto no entender delas. Exemplo: pegue a palavra "paz" e pergunte o que significa para cinco pessoas diferentes. Você vai ficar surpreso com as respostas. Exemplo: A primeira pessoa pode responder: "Quando sinto que estou calmo"; a segunda, "Quando ninguém está me questionando"; a terceira, "Quando sei que todos os meus compromissos estão em dia"; a quarta, "Quando me sinto compreendido pelos amigos"; e, finalmente, a quinta, "Quando valorizam o meu trabalho". Como se vê as respostas dificilmente serão iguais.

Lembre-se

Quando você divide um interesse com uma pessoa, acaba criando um contrato; não importa se tenha sido verbalizado ou não, ambos esperam certas coisas um do outro. Ambos julgarão as palavras e ações do outro, pelo menos inconscientemente, por seus valores.

Uma técnica simples, mas valiosa, é ouvir com atenção as palavras que as pessoas usam. As pessoas com freqüência usam *palavras-chaves* que demonstram quais são os valores no alto de suas hierarquias.

As palavras utilizadas são como superâncoras — têm fortes associações emocionais.

É crucial para um executivo saber qual o valor mais alto na hierarquia de valores de seus subordinados.

Observações

Por terem os valores tanta prioridade, eles carregam uma incrível carga emocional. Não há maneira mais fácil de ligar pessoas do que alinhá-las por meio de seus valores mais altos.

Não há maneira mais traumática de separar pessoas do que criando comportamentos que ponham os seus mais altos valores em conflito. Agora que você sabe como funciona, construa as suas hierarquias exatas; você desenvolverá alguma coisa que nunca teve antes. Antes seus valores operavam quase inteiramente no nível subconsciente. Agora você tem capacidade de manipulá-los para uma verdadeira mudança favorável.

Para conseguir o que quiser das pessoas, procure apoiar e preencher os seus valores mais importantes o mais que puder. Assim, conseguirá as alianças mais significantes para realizar os seus mais altos sonhos.

XIII

As Chaves-mestras da Prosperidade e da Felicidade

Agora você possui os recursos para reverter o seu caminho, rumo a uma verdadeira reinvenção de metas vencedoras. Tem capacidade para formar representações interiores e produzir os estados que levam ao poder e ao sucesso.

Então vamos em frente para conquistar a prosperidade e a felicidade.

Quero dividir com você cinco instrumentos para serem utilizados como guia na estrada do sucesso. Não são milagrosos, porém cruciais no *caminho ao topo da montanha*. Se você conseguir dominá-los, não haverá limites para o que deseja fazer. Pensamentos fortes e positivos são um começo, mas não a resposta completa. *Afirmação sem disciplina é o começo da desilusão*. Afirmação com disciplina desenvolve milagres. Essa é a primeira chave para a criação da prosperidade e da felicidade.

Você deve aprender como controlar a frustração. Se pretende tornar-se tudo aquilo que se pode tornar, realizar tudo o que se pode realizar, você tem de aprender a lidar com a *frustração*. Ela mata sonhos. A frustração pode mudar uma atitude positiva em negativa. A pior coisa que uma atitude negativa faz é destruir a autodisciplina. E quando essa disciplina se vai, os resultados desejados também se vão. Portanto, é preciso aprender a disciplinar sua *frustração*. Olhando para quase todos os grandes sucessos, você vai descobrir que houve muita frustração pelo caminho. Se uma pessoa lhe disser o contrário, não sabe nada sobre realização. Há dois tipos de pessoas: as que controlam as frustrações e as que gostariam de tê-las controlado. Por exemplo: Ricardo Semler da Semco, Jan Carlzon da S.A.S. e outros.

Se você faliu, provavelmente é porque não conseguiu controlar as frustrações. Você diz: "Bem, estou falido, e por isso estou frustrado". Dizer isso é um atraso de vida. Se você tivesse controlado mais as frustrações, estaria muito melhor de vida.

Uma forma de ser bem-sucedido é controlar frustração após frustração. As pessoas dizem: "gente com dinheiro não tem problemas". Quanto mais dinheiro, possivelmente terá mais problemas. Ocorre que elas sabem como enfrentá-los, como desenvolver novas alternativas, novas estratégias. Há grandes frustrações no caminho de qualquer grande sucesso — em negócios, num relacionamento, numa vida.

Agora você pode pegar as coisas que costumavam frustrá-lo e programá-las para que o excitem. O que a PNL oferece é uma maneira de transformar tensão em oportunidade, trilhando o caminho do inconsciente ao consciente, elaborando um mapa daquilo que você perde aceitando a tensão passiva e outro daquilo que você ganha quando consegue transformar a tensão em oportunidade. Todas as pessoas bem-sucedidas aprenderam que o sucesso está escondido do outro lado da frustração.

A segunda chave é como aprender a controlar a rejeição.

Não existe uma palavra que fira mais que "não". Sabe qual é a diferença entre um vendedor que ganha R$ 5.000 (cinco mil reais) e outro que ganha R$ 50.000 (cinqüenta mil reais) por ano? A principal razão é que o segundo vendedor aprendeu a controlar a rejeição. Os melhores vendedores são aqueles mais rejeitados. São também os que conseguem reverter o "não" em "sim" na próxima oportunidade. Para ter sucesso, você deve aprender como competir com a rejeição: aprender a tirar toda força da rejeição.

Dizem que o Stallone — "Rocky" — foi rejeitado por todos os agentes das companhias cinematográficas e de teatro durante alguns anos. Até que alguém lhe disse OK!

Quantas vezes você quis se aproximar de alguém interessante e decidiu desistir por medo de ouvir a palavra "não".

Quantas oportunidades você já perdeu por medo de ser rejeitado? Pense em como isso é uma bobagem. O poder da rejeição é muito mais uma representação interior que você cria, e nada mais. Os pensamentos limitados criam vidas limitadas. Agora que você sabe dirigir o seu cérebro, não vai mais se permitir ficar imobilizado da próxima vez que ouvir um "não". Você pode pegar qualquer rejeição e transformá-la em oportunidade.

A terceira chave é como conseguir controlar a pressão financeira.

Há várias espécies de pressão financeira e elas destruíram muitas pessoas. Elas podem criar ganância, inveja, bajulação ou paranóia. Podem também afastá-lo de seus amigos ou torná-lo insensível.

Lembre-se

Elas podem, e não elas necessariamente farão. Controlar a pressão financeira é vital para se conseguir um resultado bem-sucedido.

Ter muito ou pouco dinheiro não afasta a pressão financeira da sua vida. A questão é saber controlá-la e administrá-la.

Observações

Comentários sobre o assunto com o grupo.

Agora quero compartilhar com vocês uma coisa com a qual eu lidei e achei muito sábia. De tudo o que você ganha, destine dez por cento e devolva por meio de ajuda, apoio e contribuição aos menos favorecidos. Isso cria valor para você e para os outros. Mais importante ainda, isso diz para o mundo e para o seu próprio subconsciente que há mais do que o suficiente. E essa é uma crença muito poderosa para alimentar. Se há mais que o suficiente, é bom para você e para os outros que se beneficiam disso.

Você deve fazê-lo quando estiver começando, porque o que você dá se multiplicará. Você não terá dificuldades em encontrar a maneira de dar, pela simples razão de haver necessidades em volta de todos nós. Quando você encontrar e preencher as necessidades dos outros, isso fará com que se sinta diferente a seu próprio respeito. E a partir desse sentimento, ou estado interior, você viverá a sua vida numa atitude de gratidão.

Você deve ser capaz de lidar com o dinheiro em sua mente como qualquer outra coisa. Aprenda a ganhar, a economizar e a dar. Se puder fazer isso, aprenderá a controlar a pressão financeira, e o dinheiro nunca mais será um fator contributivo para deixá-lo em estado negativo, que fará com que seja infeliz.

Quando você dominar as primeiras três chaves, começará a sentir a vida como um imenso sucesso. Se você puder controlar a *frustração*, a *rejeição* e a *pressão financeira*, não haverá limites para que você possa fazer.

Lembre-se

Não importa quem você era até poucos dias atrás; você tem o direito de sonhar, e sonhar grande. Não importa se faliu uma vez, ou várias vezes, o mundo nos mostra diariamente pessoas que emergiram do fundo do poço e que ingressaram novamente no mundo fascinante da realização pessoal ou profissional.

A quarta chave é: você deve aprender a controlar a acomodação.

"Aquele que realizou mais, ainda tem todo o futuro para realizar" (Lao Tsé, Tao Te-King).

O conforto é agradável, entretanto pode ser uma das mais desastrosas emoções que o corpo humano pode experimentar. Ocorre que, quando uma pessoa consegue muito conforto, ela pára de crescer, pára de trabalhar, pára de criar valores adicionais. Você ou está subindo ou está escorregando. Certa vez Ray Froc, o fundador do Mc Donald's, disse: "Quando você está verde, você cresce. Quando você amadurece, você apodrece". Você pode ver o sucesso como o trampolim para coisas maiores ou pode encará-lo como lugar de descanso. É provável que comece a decair. Quando um dia acordar e pensar "eu achava que estivesse indo tudo bem, porque estava indo bem, comparado com pessoas que eu conhecia". Esse é um dos maiores enganos que você pode cometer. Aprenda a julgar-se por suas metas, em vez pelas quais seus colegas parecem estar realizando. Centre-se em suas metas cheias de possibilidades, envolventes e dinâmicas, que o ajudarão a fazer as coisas verdadeiramente úteis.

Aqui está a quinta chave: sempre dê mais do que espera receber. *"O segredo de viver bem é dar"* (Anônimo).

Se quiser fazer sua vida andar bem, você tem de começar com "como dar". A maioria das pessoas começam suas vidas pensando só em como receber. O problema é que as pessoas querem primeiro as coisas.

Nós estamos acostumados a ouvir: "você não me entende", "você não sabe me ouvir", "você não gosta de mim". Estamos habituados a dizer: "você não liga para mim", "você não dá importância para as coisas que eu digo", "para as coisas que eu faço". São demonstrações de que as pessoas estão sempre querendo receber adiantado, em vez de dar primeiramente para depois receber.

A chave para qualquer relacionamento é que você tem primeiro de dar e continuar dando. Você pode ganhar muito dinheiro. Pode dirigir grandes empresas. Mas se estiver fazendo só para si, você realmente não é um sucesso. Na verdade, você não tem poder, não tem riqueza real. Se quiser ter sucesso, se quiser realizar todos os seus objetivos, terá de pensar no sucesso como um processo, um meio de vida, um hábito da mente, uma estratégia para a vida.

Você tem de ter a habilidade de usar seu poder de forma responsável e amorosa se desejar atingir a verdadeira riqueza. Se souber usar com habilidade e sabedoria as cinco chaves, sua vida será maravilhosa. Esteja certo disso.

XIV

O Poder da Comunicação Absoluta — Como Conseguir

Saiba: para tornar-se um comunicador eficiente, primeiramente você precisará ser um comunicador eficaz consigo mesmo. Para convencer a quem quer que seja, você necessita estar absolutamente convicto interiormente sobre a mensagem que deseja comunicar, tem de criar interiormente uma representação forte, segura, sobre o tema em pauta. Conseguindo um estado interior rico, você irá aumentado a sua capacidade de convencimento. Os mestres comunicadores mostraram e mostram por meio de seus desempenhos de que somente é possível conseguir resultados maravilhosos quando se está totalmente convencido sobre o teor da comunicação transmitida.

Unidas a palavra, a tonalidade da voz e a fisiologia, mediante uma crença interior fortalecida, você encontrará o caminho natural para obter um desempenho formidável da comunicação com quem desejar. O comunicador não pode deixar margem a dúvida; se houver dúvida, o comunicador tem de descobrir claramente qual é especificamente, e encontrar resposta convincente para aniquilar a razão que gerou tal fato.

Lembre-se

A qualidade de vida que você leva está diretamente relacionada com a qualidade de comunicação que você consegue produzir. Comunicação eficaz produz mais amigos, adeptos, clientes, aliados, ganhos, admiração, respeito, harmonia e, acima de tudo, mais felicidade.

Você pode e deve aumentar cada vez mais a sua capacidade de comunicação. Faça da comunicação eficiente um padrão de comportamento, uma disciplina de vida. Procure evoluir continuamente na sua capacidade de comunicação, que isso lhe ajudará a conseguir maiores e melhores resultados em tudo na vida.

Não fique com receio de ouvir um "não". Vimos anteriormente que por isso, muitas vezes, se perdem boas oportunidades na vida. Agora que você já sabe controlar a rejeição, não há razão para temer um simples "não". Inclusive você também já sabe que é possível criar oportunidades por meio desse "não", desde que saiba especificamente por que ele foi gerado em seu caminho.

Aceite o "não" naturalmente, porém não pacificamente, não como um ponto final em si mesmo. O "não" deve ser enfrentado ativamente, por que "não"? Quais são as razões do "não"? O que eu posso fazer para desobstruir o "não"? Quais medidas são melhores para vencer o "não"? Lembre-se: Na maioria das vezes, não existem resistências. Existem comunicadores inflexíveis que empurram as coisas contra as correntes favoráveis.

Considere que são as nossas semelhanças que nos aproximam e que as nossas diferenças nos afastam. Por isso, daqui em diante, observe atentamente como são as pessoas com as quais você terá de lidar, para onde se movem, suas preferências, seus valores, seu jeito de ser, gestos, tonalidade de voz, palavras e expressões habituais, observe a sua submodalidade mais usada, temas e assuntos preferenciais. Tudo isso com a finalidade de eliciar a sua estratégia e, ainda, se houver necessidade, espelhar o seu comportamento. Com essas duas técnicas você pode conseguir empatia e harmonia com qualquer pessoa que desejar, e assim produzir os meios que o apoiem em seus objetivos.

Observações

Comentários com o grupo.

Criando em sua vida, mediante o uso efetivo da neurologia, um estado interior — confiante, seguro, otimista —, você estará aumentando significativamente o valor que dá a si mesmo e, daí em diante, o seu desempenho será muito superior, visto que, a rigor, você estará num nível mais elevado.

Recomendo-lhe que procure conhecer bem os elementos que você usa para estabelecer uma comunicação poderosa. Timbre de voz, respiração, dicção, volume de voz, sonoridade, clareza de pensamento, ritmo de verbalização, audição. Esses elementos terão de ter um desempenho harmonioso, e você tem de estar certo de que eles estão operando num nível ótimo. Se você sentir que um ou mais deles não produzem o que você deseja, deverá procurar aperfeiçoá-lo ao ponto que gostar e lhe der a devida segurança interior; isso é fundamental para conseguir um excelente desempenho.

Faça da clareza e da precisão um modelo a ser realizado permanentemente em sua vida de comunicador. Você inclusive pode escolher o seu comunicador ideal e procurar modelá-lo para algum tempo depois, produzir resultados similares.

XV

Modelando o Sucesso Final

Se você modelar um empreendedor e também as suas realizações, deverá produzir um resultado, senão idêntico, similar. A PNL e seus precursores (Bandler/Grinder) defendem isso com convicção. Se alguém produziu determinado resultado, outra pessoa também o pode. Quero dizer, se existe um resultado que uma pessoa atingiu e você gostaria de obter o mesmo resultado, você poderá, desde que se proponha a percorrer o mesmo caminho, utilizando os mesmos recursos materiais, instrumentais e de processos. A chave para garantir o sucesso é aprender e dominar de forma competente a técnica de modelagem. Não é preciso criar uma idéia nova; basta pegar e seguir o roteiro, usando os mesmos ingredientes que outra pessoa usou e deu certo. Saiba inclusive que provavelmente deverá encurtar bastante o fator tempo, porque você não terá de consumir horas e horas, dias e dias, meses e meses, para chegar ao passo seguinte, como seguramente teve de fazer quem a rigor iniciou e construiu o processo.

Bandler e Grinder não precisaram consumir o mesmo tempo que a Dra. Virgínia Satir e o Dr. Milton Erickson para conseguir os mesmos resultados no tratamento de pacientes portadores de depressão, fobia e outros males. O que eles fizeram (Bandler e Grinder) foi modelar processos e padrões dos eminentes terapeutas citados, conseguindo assim resultados idênticos. Entretanto, o que se pode observar é que os Drs. Satir e Erickson, para chegar ao nível de eficiência que os celebrizou mestres terapeutas, certamente consumiram anos e anos em experimentos de tentativas de erros e acertos, até atingirem o ideal desejado. Bandler e Grinder modelaram as experiências (cópia idêntica) vitoriosas e em pouquíssimo tempo produziram resultados idênticos nas aplicações das técnicas. Passaram a ensinar aos seus alunos os mesmos processos e padrões. Sem possuírem os mesmos anos de pesquisas e experiências dos Drs. Satir e Erickson, passaram a conseguir resultados similares.

A partir dessa experiência, os formuladores da PNL passaram a defender a tese, com absoluta convicção. Se alguém é capaz de produzir determinado resultado em qualquer coisa, outra pessoa também pode conseguir resultado idêntico usando a "modelagem" (técnica da cópia idêntica).

Portanto, amigos, para que inventar? Existem por aí bastante empreendimentos bem-sucedidos. Tudo o que vocês precisam fazer é pegar a receita e aplicar os ingredientes certos, nas quantidades certas, usando os mesmos instrumentos do modelo. O resultado só pode ser idêntico de acordo com as afirmações dos meus mestres, Bandler e Grinder.

Utilizando a modelagem (cópia idêntica), a espelhagem (imitação perfeita) e eliciação de estratégia (obtenção de estratégia de alguém), alicerçadas na precisão e na capacitação de uma qualidade de comunicação absoluta, somente poderemos conseguir um resultado extremamente bem-sucedido, seja no que for, em qualquer lugar, em qualquer tempo.

Lembremo-nos do exemplo do "mestre chaveiro" — perguntar o que não perguntava antes, ouvir o que não ouvia antes, ver o que não via antes, sentir o que não sentia antes. Assim são os mestres comunicadores; podemos e devemos seguir os seus exemplos para conseguir a excelência da nossa comunicação. É preciso ir fundo, penetrar na alma, para produzir um resultado fora do comum na comunicação verbal. Reunir uma representação e estado interior rico, cheio de recursos; produzir uma fisiologia cheia de energia, construir uma tonalidade que mobilize os outros, que desperte imediatamente a atenção de quem quer que seja, vai favorecer incrivelmente o resultado da sua capacidade de transmitir um pensamento, uma idéia, seja de um projeto, de um negócio, seja de um interesse pessoal, sentimental, e assim por diante.

XVI

Ação — A Diferença que Constrói a Diferença

O que o impede de fazer o necessário para tornar sua vida exatamente como a imaginou?

A resposta é simples. Você deixou de executar todas as ações que o beneficiariam, ou que poderiam trazer-lhe satisfação, simplesmente porque, naquele instante, associou mais dor ao ato de fazer que ao de não fazer.

É exatamente isso o que acontece com as pessoas. Elas tendem a reagir espontaneamente, favorecendo aquilo que vai lhe proporcionar imediatamente mais prazer, ou, ao menos, vai favorecer algo que oferece menos trabalho, menos sacrifício. Tudo aquilo que exige grande concentração, grande responsabilidade — algo complexo —, de maneira geral as pessoas adiam, adiam e adiam... Resultado: perdem, perdem e perdem tempo, e quando olham para trás percebem que o tempo passou e, às vezes, concluem que é tarde demais. Não perca mais tempo; procure agir imediatamente em favor do seu futuro, do seu sucesso. Decida agora! Agora mesmo em favor do seu sucesso. Daqui a alguns anos você vai sentir um grande orgulho interior de ter mudado o perfil de sua vida.

Saiba que para a maioria das pessoas o medo da perda é muito maior que o desejo de ganhar. Por isso elas ficam travadas, imobilizadas enquanto o tempo passa. O medo de encontrar o desconhecido, ou o inesperado, é algo muito marcante nas pessoas no sentido de não agirem, mesmo que seja para beneficiar muito suas próprias vidas.

Para você conseguir realizar os seus mais altos sonhos, será necessário que decida e aja pra valer. Não fique aí parado imaginando o que acontecerá se você fracassar. Em primeiro lugar, o fracasso tem início na sua mente. Em segundo, se no meio do processo alguma coisa não for bem, saiba que sempre haverá um meio de correção e redirecionamento em favor do seu plano. Você tem de confiar nisso. A grande maioria dos problemas ou obstáculos é solucionável. Está lembrado do comentário mencionado nesse livro em mais de uma ocasião? "O vencedor da dificuldade cria oportunidade; o perdedor, da oportunidade cria dificuldade".

(Obs.: Durante o curso, discutir e debater a questão.)

O momento mágico de decidir sobre o futuro é agora! Não adie mais; chega de adiar! Isso o levará a agir e a produzir novos resultados. Em vez de pensar na "dor do fracasso", pense no "prazer do sucesso". Quanto mais você pensar no "prazer do sucesso", mais estimulado se sentirá para realizar os seus maiores sonhos.

"Se você se aflige com qualquer coisa externa, o sofrimento não é causado pela coisa em si, mas por sua própria avaliação a respeito; e isso você tem o poder de revogar a qualquer momento."

(Marco Aurélio)

Uma das coisas que torna o ser humano especial é a maravilhosa capacidade de adaptação, de transformar e manipular objetos ou idéias para produzir algo mais agradável ou útil. Somente os seres humanos podem, por exemplo, mudar suas associações, para que a dor física resulte em prazer, ou vice-versa. Exemplo: num nível mais pessoal e cotidiano, as pessoas que seguem regimes físicos rigorosos para esculpir o corpo aprenderam a vincular com tremendo sentimento de prazer a "dor" do esforço físico. Converteram o desconforto da disciplina na satisfação do crescimento pessoal.

Por meio do poder da vontade, podemos criar um sentido superior, podemos sair de um mundo pequeno e assumir de verdade o controle.

Embora prefiramos ignorar, persiste o fato de que nosso comportamento é guiado pela reação instintiva à dor e ao prazer, não pelo cálculo intelectual. São as neuroassociações — as associações que estabelecemos no sistema nervoso — que determinam o que faremos. Embora preferíssemos acreditar que é o intelecto que nos guia, são as nossas emoções — as sensações que vinculamos aos pensamentos — que realmente nos guiam.

Hoje, porém, você sabe que não precisa mais experimentar muitas das coisas que você faria instintivamente e que lhe faziam sentir-se mal consigo mesmo. Agora você possui o conhecimento de como transformar o que era inconsciente em consciente. Mudando o seu foco, você mudará naturalmente a sua representação interior. Se estiver triste e chateado, mudando esse pensamento para uma lembrança agradável, você se sentirá imediatamente em um estado rico, que lhe apoiará muito mais significativamente.

A pedra filosofal, diria mais, as receitas para construir uma vida melhor, uma vida vitoriosa, rica em compensações gratificantes, foram discutidas e sugeridas aqui. Daqui em diante vai depender de você, da sua capacidade de agir, de construir e produzir para você e para quem quiser as coisas que ambiciona e mais deseja em sua vida. Você pode e deve ser possuidor de *poder e sucesso*.

Em breve nos encontraremos novamente para produzirmos em nossos benefícios realizações maiores, e assim consagrar nossas vidas aqui, nessa pequena galáxia chamada Terra.

Meus abraços, parceiros e parceiras navegantes para o sucesso!

Excedendo Expectativas
— Uma Estratégia para Negociadores

I

Considerações Iniciais

Conrrado Caglieri, consultor-presidente da QSC, num artigo publicado em *O Estado de S.Paulo*, com o título "Cliente, Uma Conquista Delicada", aborda uma pesquisa que revela o seguinte: conquistar um cliente novo pode custar seis vezes mais que preservar um cliente já existente.

Marcos Gouveia, consultor de marketing de varejo, também em artigo publicado pelo mesmo jornal, escreve que investir em preservar o cliente conquistado pode custar quatro vezes menos que conquistar um novo.

Pessoalmente, eu — Luiz Villalba — direi, acrescentando aos comentários dos consultores mencionados o seguinte: por meio de um cliente satisfeito podem ser gerados outros clientes, desde que a empresa desenvolva uma estratégia nesse sentido. Exemplo: se a empresa cadastrar o cliente e manter seus dados atualizados, como data de compra, descrição do bem comprado, valor em reais, revelação de preferência, periodicidade de compra e outras informações, dependendo de cada caso.

Ainda pegando a carona de Conrrado Caglieri, quando diz que uma empresa com clientes satisfeitos é realmente invencível, eu acrescento dizendo que quando você estabelece com os clientes uma filosofia de parceria, está tornando o seu negócio com perspectivas de expansão tão grandes que dificilmente poderá ser vencido. Clientes satisfeiros poderão multiplicar fantasticamente a magnitude dos negócios, trazendo para a empresa inúmeros clientes novos — novos parceiros.

Empresários, negociadores que pretendem ser bem-sucedidos a partir de agora deverão incluir na cultura da empresa, como uma das prioridades, a satisfação integral do cliente.

Tom Peters, autor do livro "Vencendo a crise", que se tornou a maior publicação de negócios de todos os tempos, é considerado, na opinião de Philip Kotler, uma das maiores autoridades em marketing do mundo inteiro.

O mencionado autor narra em seu livro que, no começo da década de 80, quando eclodiu a crise nas empresas norte-americanas, decidiu, com mais um companheiro, desenvolver uma pesquisa sobre essa crise.

Coincidentemente, descobriram que a tal crise estava acontecendo ao mesmo tempo que a invasão dos produtos japoneses... A pesquisa revelou, também, que marcas tradicionais, como Ford, GM, IBM e outras, estavam perdendo mercado para desconhecidos produtores japoneses, que produziam produtos também não conhecidos. Moral da história: de repente, produtos consagrados/tradicionais estavam perdendo mercado para outros desconhecidos que, entretanto, ofereciam tecnologia superior, custos mais baixos e outros benefícios. Em síntese: o cliente dedica fidelidade, a rigor, à qualidade do atendimento que recebe de seu fornecedor. Se amanhã ele descobrir um fornecedor mais eficiente, certamente mudará seu fornecedor tradicional. Por isso é importante saber, ter informações sobre as necessidades e expectativas do cliente, e isso exige dedicação, interesse e parceria; só assim você se tornará indispensável perante seu cliente, evitando que ele migre ao concorrente.

Ainda em relação à pesquisa, Tom Peters menciona que empresas que dedicavam atenção e interesse em relação ao mercado, sofreram menos com a crise e a invasão dos produtos japoneses, pois permaneceram sensíveis e interessadas às necessidades e expectativas dos clientes e, por isso, puderam adaptar-se rapidamente, a ponto de não perderem os seus mercados.

O *Strategic Planning Institute of Boston* — USA, analisando os resultados de 1.200 empresas norte-americanas bem-sucedidas, concluiu que essas empresas que mais produzem em níveis de qualidade mais elevados (em seu conceito mais amplo: produtos + serviços) são também as empresas que alcançaram maiores lucros.

Carl Sewel, revendedor da GM/USA, ganhou fortuna e fama por priorizar uma estratégia vencedora: exceder sempre a expectativa do cliente.

Com a sua própria narrativa, vamos tomar conhecimento de que, para atingir o seu objetivo, ele investiu pesado em recursos humanos, ou seja, na formação do quadro de seus colaboradores, os quais reputa como básicos para ter conseguido realizar a sua meta.

O resultado de sua experiência deu origem ao livro de sua autoria: 'Clientes para Sempre', ou seja, tornou-se indispensável mediante a sua estratégia.

Jan Carlzon, presidente da SAS, transformou a empresa que preside, em plena crise da aviação comercial européia, na empresa mais bem-sucedida do ramo.

Decidiu apostar tudo no seguinte: saber das necessidades e prioridades dos usuários, para, a partir daí, agir em função dessas informações e adequar a sua companhia a atender as expectativas dos seus passageiros.

Resultado: em pouco tempo os usuários foram aumentando cada vez mais. Assim, de uma empresa que acumulara prejuízo em gestões anteriores, saltou para uma empresa lucrativa e bem-sucedida.

Sintetizando: Jan Carlzon interessou-se em saber, dos usuários da aviação comercial européia, as suas necessidades e prioridades, depois procurou satisfazer suas expectativas e, como recompensa, muito rapidamente percebeu o aumento de seus usuários e conseguiu resultados espetaculares, revertendo, assim, totalmente o quadro da SAS, de uma empresa em crise como as demais companhias aéreas para uma empresa bem-sucedida em pouquíssimo tempo.

Essa experiência de Jan Carlzon na SAS encontra-se relatada em seu livro 'A Hora da Verdade', publicado com sucesso.

Conhecer as necessidades e prioridades dos clientes e depois procurar atender essas expectativas são fatores muito fortes que levarão o empresário a ser bem-sucedido.

Lembre-se

Possuir as informações das necessidades e prioridades do seu mercado e procurar atender essas expectativas fará de qualquer negociador/empresário um profissional bem-sucedido. Superar essas expectativas, entretanto, tornará qualquer autor de tal fato um: vencedor, famoso e milionário.

'Parece uma utopia!' — dirão alguns; mas não é utopia. Se outros puderam, você também pode!

O saber, o querer e o poder levam-nos a um longo caminho a percorrer. Um caminho superior, mais sábio, mais especializado em relação aos nossos concorrentes. Se pretendemos ser mais bem-sucedidos que eles, devemos ser superiores em relação às nossas realizações.

Alvin Tofler, autor dos livros "A Terceira Onda" e *Power Shift*, analisando, nesse último, diz: hoje quem detém o poder é aquele que possui informações; não é mais, somente, o que possui muito capital, e sim o detentor de informações (Bill Gates, da Microsoft).

Quanto melhores as suas informações, mais bem-sucedido se tornará. Se puder transformar as suas informações em fatos e puder beneficiar o seu mercado — em outras palavras, se tornar possível as suas informações em benefício do seu mercado de clientes —, isso fará de você um realizador e vencedor nato. Isso tudo é um grande acontecimento pessoal e ao mesmo tempo da comunidade que faz parte dos seus esforços: fornecedores, colaboradores, clientes e familiares.

Importante

Clientes satisfeitos são multiplicadores: trazem outros clientes. Deve fazer parte da cultura da organização e do negociador, que queira ser altamente recompensado pela sua dedicação, ter como alvo permanente a satisfação do cliente.

Alerta

Clientes insatisfeitos são altamente destruidores e anuladores de resultados bem-sucedidos. Um verdadeiro efeito *iceberg* (pesquisa abordada por C. Caglieri).

Regras básicas

Para superar expectativas, devem-se seguir algumas regras básicas:

1. Fixe um objetivo claro e constante e proponha-se a fazer o melhor em tudo o que se refere ao atendimento ao cliente.
2. Sensibilize todos os seus colaboradores sobre a necessidade vital representada por clientes bem atendidos, satisfeitos e fiéis (especialmente o pessoal da linha-de-frente).
3. Solicite que todos os seus colaboradores se coloquem no papel do cliente de sua empresa.
4. Busque sempre e constantemente pequenos acréscimos que fazem, no fim, as grandes diferenças (excedendo expectativas).
5. Invista constantemente na formação, treinamento e aperfeiçoamento dos colaboradores, permitindo-lhes, sobretudo, a aplicação do que foi aprendido (aqueles que não possuem informações não podem tomar iniciativas, e aqueles que as possuem não podem deixar de tomá-las — Jan Carlzon).
6. Fixe com flexibilidade e rigor os limites do seu serviço e respeite-o com fervor.
7. Não esqueça que a qualidade do serviço externo (market-out) depende sempre e diretamente do grau de qualidade do serviço interno (market-in).
8. Responda com a maior franqueza possível as perguntas do cliente.
9. Lembre-se: a palavra-chave é desenvolver um clima permanente de envolvimento com o objetivo do cliente.
10. Torne o seu cliente bem-sucedido. Isso mesmo! Ajude-o a tornar-se bem-sucedido, um vencedor. Isso é o máximo (comentando propostas de Philip Crosby a respeito).

MEDIDAS PRELIMINARES

1. Saber com antecedência o que o outro quer — como saber?

Desde o primeiro instante, demonstre interesse e atenção total pelos motivos do cliente (exposição/ linformação espontânea). Faça perguntas, se houver necessidade — muitas perguntas. Aproveite a chance de fazer o cliente sentir que você quer ajudá-lo. Faça com que ele conclua, por si próprio, que você está pedindo uma chance para ajudá-lo.

2. Ter um domínio pleno sobre o que você pode oferecer: mínimo, médio, máximo.

    Você tem a obrigação de saber tudo sobre o seu negócio: ser um especialista eficiente sobre o seu produto, serviços, mercado, etc.

    Você tem de possuir as informações (quantas forem — simples e complexas) e procurar inverter os papéis: se fosse o cliente, o que você gostaria de saber e como gostaria de ser tratado.

    Mantenha vivo em sua mente o comentário de Alvin Tofler: quem detém poder hoje é aquele que possui as informações, eficazes evidentemente.

3. Não prometa nada antes de conhecer as necessidades do outro.

    É preciso tomar muito cuidado em relação a promessas assumidas, pois promessa é dívida — diz a frase popular. Não que você não deva prometer; chegará o momento em que isso será fundamental para o andamento dos negócios, entretanto, procure o comedimento e a cautela. No fim, o que fizer a mais em prol do negócio somará favoravelmente em seu benefício e ao do cliente também.

4. Demonstre interesse vivo em querer ajudar.

    Mais que uma promessa precoce, demonstre um interesse vivo e constante em querer ajudar; isso exerce uma influência natural em benefício do negócio. Quanto mais se envolver com os objetivos de seu cliente, mais próxima tornará a viabilidade do sucesso em pauta.

    Procuremos recordar: todos nós, algumas vezes na vida, já recebemos atendimentos que superaram expectativas e com certeza são lembranças agradáveis das quais não nos esquecemos facilmente.

    Aplique esses exemplos marcantes na primeira oportunidade que tiver em sua atividade.

Vamos contar agora uma passagem em que a nossa expectativa foi superada.
5. Faça o outro concluir por si mesmo que você pode ajudá-lo.
Exemplo: quando alguém se interessa e se propõe a ajudar — desde que esse gesto seja sincero —, o outro sente?
Procure banir de sua linguagem expressões como: "pois não? Está procurando alguma coisa?". Substitua por: "Em que posso ajudá-lo?", "Às suas ordens", "Em que posso ser útil?", "O sr. (ou sra.) me permite?".
Se suas intenções forem verdadeiras os outros sentirão. Não se intimide em manifestar suas intenções, desde que sejam sinceras. Procure também acompanhar as suas palavras com seus gestos e olhares. Transforme isso em realidade perante o julgamento interior do cliente.

EXCEDENDO EXPECTATIVAS — UMA ESTRATÉGIA

1. Prometa menos e faça mais. Isso mesmo! A partir de agora prometa menos e faça mais.
Você sentirá em breve que os negócios melhorarão significativamente. Não bastará agir dessa forma isoladamente; é preciso convencer todas as pessoas que estão envolvidas com você — na empresa e nos negócios.
Você precisa inserir isso na cultura da empresa, no grupo que faz parte do todo da negociação.
Isso não é tão simples nem tão complexo... é trabalhoso. Conseguir a uniformidade e a unanimidade (isto é, qualidade) vai ser necessário junto a todo o pessoal. Existindo apenas um ou dois no grupo que não comprem a idéia ou não tenham motivação, o todo do objetivo será comprometido.
Você precisará fazer uma verdadeira reengenharia para procurar ingressar na *era de exceder expectativas*. Entretanto, isso não é assustador e com certeza vale a pena. Existem alguns exemplos práticos e recentes aqui em São Paulo: Semco, Mangels, Estrela e outros; no exterior: empresas japonesas dos chamados 'Tigres Asiáticos': Cingapura, Corea, Taywan e China capitalista; empresas norte-americanas: inúmeras; e européias, idem.

Em São Paulo existem inúmeros consultores experientes em viabilizar propostas, com vistas a desenvolver projeto, de reengenharia, e os custos, comparativamente aos benefícios, são modestos.
2. Ilustração/debate de um caso prático:
Quem foi?
Quando foi?
Como foi?
Os resultados como foram e como estão sendo?
3. Adotar a estratégia de superar continuamente a expectativa do outro.
Uma vez definida a cultura da empresa, uma vez definidos os objetivos, e uma vez definidas a função e a responsabilidade de cada um, tudo fica mais fácil.
É preciso, naturalmente, definir as informações necessárias, estabelecer controles e checar continuamente as metas traçadas.
4. Desenvolver uma estratégia de parceria, motivação e compensação junto ao quadro de colaboradores será de vital necessidade para buscar superar as expectativas dos clientes.
É preciso também estimular as pessoas envolvidas a procurar continuamente encontrar soluções mais eficazes para realizar as suas tarefas e funções. São elas que estão envolvidas com as realizações das tarefas e que têm as idéias para melhorar as coisas.
Convide seus parceiros para encontrar as respostas mais eficazes e convenientes às realizações da empresa.
"Excedendo Expectativas" — insira isso na cultura da sua empresa como paradigma. Exceda sempre o que o cliente espera.
Fazer acontecer, além daquilo que o seu cliente deseja, significa exceder a expectativa dele. Faça parte integrante do seu objetivo sempre superar aquilo que o cliente espera de você.
Como resultado, o seu negócio crescerá muito, pois os seus clientes trarão muitos outros clientes, e estes, por sua vez, trarão mais, e assim por diante.
5. Aplicar técnicas de vendas avançadas na negociação com compradores, vendedores, bancos, subordinados, fornecedores e outros.

ROTEIRO

- A — Apresentando-se corretamente
  - a.1 — Apresentando corretamente o seu negócio, serviços ou produtos
  - a.2 — Exposição
  - a.3 — Sustentação
  - a.4 — Conclusão
- B — Saber ouvir
- C — Saber falar
- D — Saber perguntar
- E — Como criar o clima de empatia
- F — Posturas corretas
- G — Procure penetrar no mundo do cliente
- H — Demonstre um sincero interesse por ele
- I — Fique ao lado dele
- J — Demonstre segurança sempre
- K — Seja claro o tempo inteiro
- L — Procure estabelecer um clima de confiança mútua
- M — Faça perguntas sempre
- N — Nunca demonstre impaciência, irritação ou distração
- O — Lidere a entrevista, tome a iniciativa, fale com entusiasmo
- P — Encoraje o cliente se ele demonstrar dúvida
- Q — Seja incondicionalmente construtivo
- R — Esteja centrado o tempo inteiro no cliente
- S — Observe os movimentos do cliente, gestos e olhares
- T — Demonstre satisfação em exercer a sua missão de negociador

6. Desenvolvendo o poder do entusiasmo.
   Você não conseguirá entusiasmo se não gostar da sua missão, se não acreditar nela, se não tiver motivação, se não tiver compensação, se não tiver reconhecimento. Por isso, em primeiro lugar, é preciso identificar o que você gosta de fazer, no que você acredita. Com isso, você deverá sentir: motivação, compensação, vontade, fé e perspectiva real de uma realização verdadeira.

Você tem de vender muito bem vendida a idéia central para si mesmo. Se você conseguir isso, ficará mais fácil ser invadido pelo entusiamo.

Aproxime-se sempre que puder de pessoas e propostas entusiasmadas, de vendedores entusiasmados.

7. Desenvolvendo o poder da persuasão.

O seu poder de persuadir alguém advirá da sua fé, da sua confiança, da sua certeza de poder servir com eficácia, dos seus conhecimentos e das suas realizações.

8. Tornar-se indispensável.

Foi isso que Carl Sewel conseguiu atingir em seus negócios e que o tornou rico, famoso e realizado.

Muitos se tornaram indispensáveis e muitos se tornarão em alguns momentos e em algumas circunstâncias. Porém, o ideal é tornar-se indispensável ao longo de muito tempo. Quando você consegue superar as expectativas dos seus clientes, seguramente estará pronto para ser indispensável perante um número cada vez maior de clientes. Assim sendo, terá a recompensa altamente realizada.

II

Como Sintonizar-se com Novos Valores e Obter seus Benefícios

Qualidade, parceria e envolvimento são algumas palavras integrantes dos atuais paradigmas do novo milênio. Em negociação, essas palavras querem dizer mais ou menos o seguinte: crie junto ao seu cliente um ambiente tão favorável, até que ele se transforme em seu cúmplice, de preferência para sempre. Estabeleça com ele uma sintonia fina e faça com que tudo o que vier a negociar com ele beneficie ambos com muita qualidade.

"Parece um sonho"?, "Utopia"?. Alguém poderá dizer: não importa! Sonhar alto faz bem ao ego de qualquer pessoa. Os grandes realizadores também foram os maiores sonhadores. O mundo está cheio de exemplos de pessoas que perderam tudo e que reconstruíram realizações grandiosas; ou de pessoas que nasceram desfavoravelmente e atingiram os pontos mais altos em suas vidas... Alguns exemplos: Abraham Lincoln (presidente dos Estados Unidos), considerado pelos norte-americanos o maior dos maiores estadistas daquele país; Toshiro Honda, de simples mecânico a um dos maiores empresários do Japão e do mundo; Amador Aguiar, de menino pobre do interior paulista ao maior banqueiro do Brasil (Bradesco).

Essas pessoas, e tantas outras, souberam convencer os seus clientes de que poderiam dar a eles o que quisessem; negociaram com esses clientes oportunidades, e assim construíram obras espetaculares, muitas vezes a partir de sonhos que souberam transformar em realidade. Sonhos estes que, muitas vezes, serviam como único alicerce por uma convicção solitária.

Assim foi, por exemplo, a história recente da "qualidade". Entre o final dos anos 40 e início dos anos 50, nos Estados Unidos da América, dois engenheiros químicos, os Drs. Edward Deming e J. Duram, acreditavam que poderiam interromper os prejuízos que as indústrias tinham em função de falta de um processo consistente para controlar a qualidade da produção. Assim, os dois criaram aquilo que passaram a chamar de "controle de qualidade", que significa controlar para que não exista variação de um produto em relação a outro (o mesmo modelo e especificação). Com a reconstrução do Japão pós-guerra (2ª Guerra Mundial), o general norte-americano responsável por isso convidou o Dr. Deming para acompanhá-lo até aquele país, para que este passasse a implantar e ensinar aos japoneses a respeito do "controle de qualidade", que depois evoluiu para "qualidade", "qualidade gradativa", e mais adiante "qualidade total".

Hoje o mundo reverencia aquilo que um dia estava na cabeça de dois homens. Se pretende transformar qualquer coisa que você faça hoje em dia em sucesso, necessariamente terá de usar os pressupostos da "qualidade".

Para produzir um contato interessante com o cliente, é necessário desenvolver uma comunicação, que começa muitas vezes com a telefonista, o porteiro, a recepcionista, a secretária, o assessor. Porém, concentremo-nos agora na comunicação pessoal avançada. Comunicação pessoal avançada significa observar, compreender e praticar num contexto todos os ingredientes que integram um processo prático da comunicação pessoal.

Os papéis desse contexto são:

1ª parte — Identificação, abordagem, exposição, sustentação, conclusão.

2ª parte — Objeções, dúvidas, desconfiança, desculpas, resistências e confrontos são resultantes de incompreensões da comunicação ou de ideais formados antes do contato, ou ainda estratégia para forçar concessões não discutidas ou camufladas.

3ª parte — A proposta deve sempre privilegiar benefícios para as partes envolvidas. O conjunto de toda negociação deverá buscar harmonia, trazer satisfação aos seus integrantes e produzir realizações. Os pontos conflitantes terão de ser negociados claramente e com habilidade. Todos os detalhes deverão merecer atenção plena. Jamais discorde ascintosamente. Em vez de "será bom para mim", diga "será bom para nós". Em vez de dizer "eu acho que é bom para nós", diga "quero estar convencido com você de que nós juntos sairemos ganhando".

Comunicar e negociar com convicção requer, além dos conhecimentos de técnicas de comunicação e negociação, confiar na qualidade do objeto de negociação (produtos, serviços, projetos e outros). Para convencer alguém a respeito de alguma coisa, é preciso que em primeiro lugar você esteja convencido, pois do contrário não terá sucesso. O primeiro ingrediente do sucesso pessoal chama-se crença — ela moldará os degraus que terá de percorrer dos primeiros passos até atingir a consagração desejada. Lembrem-se: nos nossos dias detém poder aquele que tem informações privilegiadas. Para ter as informações de qualidade você terá de dedicar tempo e investir em pesquisas, consultas, palestras, cursos e outros eventos que possam ajudá-lo a obter os conhecimentos necessários, que farão você vencedor, conseguindo a distinção em relação ao seus negócios.

III

Como Lidar com as Dificuldades e Obstáculos durante as Negociações

Dificuldades, obstáculos durante o processo de uma negociação são normais, pois cada pessoa envolvida em uma negociação deve ter compreensão, avaliação e expectativa específica sobre o assunto. Entretanto, a experiência nos mostra que dificilmente uma negociação se conclui sem que as partes tenham de conciliar as diferenças existentes no todo. Portanto, lidar com aspirações e objetivos que muitas vezes não podem ser cumpridos requer atenção, paciência, crença e habilidade.

Atenção constante para que nada escape da sua compreensão sobre as expectativas e objetivos do outro (cliente). *Paciência*, porque é importante que o cliente sinta que você é capaz de lidar com as dificuldades sem que isso o perturbe, e mais, que você está propenso a uma dedicação persistente para que a negociação seja vitoriosa para ambas as partes. *Crença*, porque você jamais deverá deixar transparecer qualquer sintoma de insegurança, pois isso colocará em risco a negociação, pelo seguinte motivo: se você não é capaz de acreditar no negócio que está propondo, como pode querer que o outro acredite? *Habilidade* suficiente para saber lidar com os "nãos", habilidade para não dizer, por exemplo; "discordo de você". Mesmo que discorde do cliente, nunca diga "discordo de você" em vez disso diga: "respeito o seu ponto de vista, porém gostaria que você conhecesse a minha visão referente a esse assunto". Depois, prossiga normalmente, ponderando seus argumentos com convicção e aproveitando para perguntar se a sua expressão está clara.

Uma negociação bem-sucedida é quase sempre resultante de algumas concessões das partes envolvidas. Dificilmente será concretizada uma negociação sem modificações nas previsões imaginadas pelas partes. Refiro-me, naturalmente, à negociação que envolve certa complexidade e implique valores significativos. O negociador hábil e experiente sabe que deverá superar dificuldades no processo de uma negociação, e por isso está preparado para enfrentar barreiras e arestas.

Um instrumento importante no início de uma negociação é conseguir estabelecer com o cliente um clima de confiança e empatia mútuas. Buscar sintonia de propósitos comuns. Quando houver, mais adiante, pontos discordantes, deverão existir esforços para que esses pontos não quebrem o ritmo da negociação, e ainda deverá haver manifesto com interesse intrínseco de não decepcionar a outra parte. Desde que exista boa vontade mútuas por parte dos negociadores, não será rompida a liga que une o interesse em pauta.

Quando alguém lhe disser "discordo de você", "não concordo", "não vejo assim", e daí por diante, reaja naturalmente; demonstre interesse, não diminua a sua atenção. Assim que terminar a afirmação do seu cliente, pergunte-lhe: "por que discorda especificamente?". Agindo conforme sugiro, você conseguirá objetivar clara e concretamente o motivo da discordância e certamente irá acelerar o processo da negociação, que é bom, pois assim sobrará mais tempo para a próxima negociação.

Daqui em diante, procure disciplinar-se convencendo-se de que não deverá encontrar facilidades para conseguir obter o sucesso da negociação. Seja qual for o ramo em que você atua, vai precisar de uma dedicação constante e eficiente para ser bem compensado no cenário dos novos tempos. As facilidades, as improvisações do passado não voltarão. Você faz parte da geração do novo milênio, e isso significa que terá de ser especialista em sua atividade se deseja acumular realizações bem-sucedidas. Não existe outra saída além de investir continuamente em conhecimentos para permanecer bom no que faz para ganhar a vida.

Quando estiver num processo de negociação, ouvindo o seu cliente, demonstre-lhe que o está fazendo com satisfação, por conhecer suas idéias, seus objetivos, suas necessidades e suas condições. Quanto mais souber sobre o seu cliente, sobre suas necessidades e suas condições, mais chances de sucesso terá. Lembre-se de que conhecimento é fonte de poder. Por isso, faça perguntas, seja curioso, estimule o cliente a falar e depois crie as chances, alimente essas chances para que se tornem realidade quanto à concretização do negócio.

Aprenda com seu cliente a melhor maneira de satisfazer as necessidades dele sem sacrificar os seus objetivos. Conduza e negocie com habilidade as diferenças existentes, e procure utilizar regulamente nos seus argumentos a palavra "nós". Em vez de dizer "eu vou lhe dar", "eu vou querer", "eu vou ter", diga "nós vamos conseguir", "nós vamos querer", "nós vamos ter", "nós vamos usufruir juntos". Essas palavras deverão ser as suas expressões correntes. Inclua sempre o seu cliente como o principal beneficiário ao seu lado. Digo mais! Procure fazer desta estratégia a verdade! Acredite tão fortemente que isso seja verdadeiro, e assim passará ao seu cliente a expressão da mais pura verdade. Dessa forma você se tornará naturalmente convincente e fará sucesso com o seu cliente. A essência de um bom negócio é tornar bem-sucedidas as pessoas envolvidas.

Quanto maior e melhor forem as soluções prováveis que tiver em suas mãos, mais as suas chances aumentarão. Vou além: com certeza você aprenderá muito mais quanto mais difíceis forem os obstáculos a serem enfrentados. Conseguindo sair-se bem das dificuldades e tendo sucesso no seu empreendimento, o orgulho que sentirá em relação a si mesmo será muito gratificante.

As situações fáceis que encontramos em nossos caminhos podem ser confortáveis, porém jamais significarão tanto. Aquilo que lutamos, que exigiu persistência e criatividade, no final nos dará uma realização muito mais significativa. Os vendedores conhecem bem o quanto é gratificante vencer os obstáculos que surgem e seguir adiante em busca de objetivos maiores.

Saber lidar com as dificuldades é uma questão de disciplina. Conheci certa vez um engenheiro agrônomo que trabalhava em vendas. Este homem confessou-me que aquilo que mais queria abandonar (dos seus hábitos enfraquecedores) era o hábito de levantar muito tarde. Tornou-se um verdadeiro martírio em sua vida querer acordar e levantar cedo, e não conseguir. O depoimento ocorreu durante uma palestra em que oriento como eliminar hábitos enfraquecedores, trocando-os pelos fortalecedores. O engenheiro de vendas pediu-me conselhos sobre como agir para eliminar a fraqueza que mais o incomodava. Sugeri-lhe que escrevesse num papel tudo aquilo que ele perdia não conseguindo levantar cedo. Em outro papel, que anotasse tudo aquilo que ganharia levantando cedo. Orientei-lhe que usasse o relógio despertador à hora que quisesse levantar e que, ao acordar, procurasse lembrar, sistematicamente, tudo aquilo que perderia se continuasse na cama (neuroassociação da dor). Na mesma hora, que procurasse projetar tudo aquilo que ganharia se levantasse imediatamente (neuroassociação do prazer). Disse-lhe que agindo como sugeri, não haveria como não funcionar.

Resumindo: passaram-se entre 80/90 dias quando me telefonou o engenheiro de vendas para me dizer que estava levantando todos os dias às 6h:30 da manhã, e que já não estava mais usando o despertador, e que ao mesmo tempo sua produtividade aumentara desde então em 25%. Em síntese, quando deixou de usar o despertador, esse homem consolidou um novo hábito (disciplina), e assim tornou-se um vencedor. O mesmo exemplo poderá ser usado para mudar qualquer hábito que não se deseja preservar, como, por exemplo, largar de fumar, irritar-se facilmente no trânsito, comer demais, beber excessivamente, pouca crença em suas possibilidades. Tudo isso você poderá mudar, desde que decida agir concretamente em seu favor. Todos os sentimentos que lhe fazem mal poderão mudar, desde que você mude o seu foco para motivos que lhe façam conectar-se a assuntos agradáveis e compensadores.

Cada dificuldade, cada obstáculo torna-se uma nova oportunidade, um novo desafio para o nosso crescimento. Pare de ver as dificuldades como se fossem problemas. Encare-as sim como oportunidades de buscar e encontrar uma nova solução. Henry Ford já dizia: "Não me fale de problemas, encontre a solução e volte". Assim, ele estimulava as pessoas a buscar novas oportunidades para acharem novos caminhos.

O negociador tem de receber cada "não" como nova oportunidade para encontrar o "sim". Em geral, as pessoas estão acostumadas a se nivelarem por baixo. Por isso, num primeiro "não" que ouvem, frustram-se e param para lamentar. Isso não resolve, e mais, deixa um sentimento de rejeição que, às vezes, leva a pessoa a tentar esquecer as mágoas, muitas vezes até se embriagando... Lembre-se: cada "não" serve para abrir novas chances, aqui e ali.

Vamos recapitular o seguinte: ninguém está disposto a dizer "sim" na primeira oportunidade. Lembre-se: as pessoas sempre irão concordar com você, desde que estejam convencidas de que suas propostas apresentam uma série de vantagens, benefícios ou soluções. Em primeiro lugar, qualquer pessoa está interessada na solução que você pode oferecer a ela. É isso que faz com que ela se mova para agir e fazer o negócio. Guarde bem dentro você: se quer alguma coisa de alguém, em primeiro lugar procure convencê-la de que, em troca você tem alguma coisa muito importante a dar-lhe. Essencialmente, as pessoas estão dispostas a se aliarem a você, desde que, com isso, consigam vantagens concretas. Portanto, seu desafio é ser eficaz ao propor negócios interessantes aos seus clientes. Para isso, você precisa: conhecer o seu cliente, as suas necessidades e suas condições. Isso tudo, você só tem uma forma de conseguir: demonstrando o seu interesse por ele e convencendo-o de que você é a pessoa certa. Penetrando em seu mundo e ganhando a sua confiança, a sua chance de sucesso junto ao seu cliente torna-se uma possibilidade real.

Portanto, ouça tudo o que for possível para saber tudo o que pode ser feito, para depois montar as suas linhas-mestras de como agir, e convencê-lo de que você é o homem certo que ele estava esperando.

Lembre-se

Os obstáculos são as oportunidades do nosso crescimento.

IV

Praticando a Técnica de Comunicação Pessoal Avançada para Fechar mais Negócios

Comece moldando seu pensamento (representação interior) para alguém que vai começar a percorrer o caminho do sucesso. Você deve saber que muitos querem atingir o sucesso, entretanto poucos o conseguem. Por quê? A razão disso está no fato de que, para saber mais que os outros, você terá de pesquisar, estudar, avaliar mais e melhor que os outros. Não há mistério. Quem consegue mais, também quer mais; preparou-se e dedicou-se mais a fim de conseguir seus objetivos.

Para definir uma meta clara e atingível, é preciso ter *planos e metas*. Assim, você terá um rumo a seguir. No âmbito específico para o sucesso com as pessoas (e clientes), comece procurando saber o que o cliente espera de você — trata-se de um bom começo. Faça perguntas a si mesmo como: "se eu estivesse no lugar dele o que iria querer?". Interesse-se pelo outro, e muito! Dê demonstração clara do seu interesse em querer servir e ajudar para que o seu cliente atinja o objetivo dele. Procure agir sinceramente, no sentido de convencer o outro de que, dando-lhe oportunidade, você irá ajudá-lo a realizar o seu plano. Não bastará só demonstrar; é preciso sentir interiormente que você é de fato a chave que ele está buscando para conseguir o que quer.

Não use meias-palavras; elas poderão ser interpretadas desfavorecendo seus planos. Seja claro e procure saber se o outro o está entendendo da forma como deseja. Entretanto, faça perguntas nesse sentido, como: "estou me fazendo entender pelo senhor?", "se houver dúvida, ajude-me a *diminuí-la,* por obséquio". Jamais diga: "está me entendendo?", pois se trata de uma colocação inabilidosa e só poderá retardar ou afastar a sua conquista.

Procure penetrar no mundo íntimo daquele com quem você quer negociar. Se desejar conseguir alguma coisa valiosa de outra pessoa, primeiramente prove que você é confiável e demonstre que poderá dar em troca algo do mesmo valor ou mais. Isso é muito importante, pois ninguém está propenso a dar algo ao outro por pouca coisa, e muito menos por nada. Lembre-se também de que você deverá ser totalmente confiável, e que só adquiriá o que deseja dando pequenas e contínuas provas de ser merecedor disso. Confiança é algo que as pessoas conquistam gradativamente, dificilmente num piscar de olhos.

V

Ser Especialista em seu Negócio

Lembremo-nos de que quem mais sabe é aquele que mais e melhor se dedicou em busca do saber. *"Gênio é resultante de longa dedicação e paciência"* (Alexander Flemming — descobridor da Penicilina). Não nomeie responsável pelo seu fracasso, em vez disso, procure a solução para o seu sucesso. Pessoas muito bem-sucedidas não estão preocupadas em saber por que as coisas não deram certo. Estão ocupadas demais em busca das soluções dos seus objetivos e seus sonhos.

Não adianta chorar o leite derramado! Você tem de focalizar concretamente o que fazer para galgar os degraus que favoreçam os seus planos. Há uma expressão que li certa vez e que dizia assim: *"atrás de grandes sucessos se escondem grandes crises"*. O que pude deduzir dessa frase foi o seguinte: os autores de grande sucesso souberam administrar as crises e, a partir delas, construíram caminhos que garantiram seus triunfos. Creio firmemente que em relações pessoais bem-sucedidas foram contornadas, muitas vezes, crises significativas.

Ser especialista no que se faz para ganhar a vida, portanto, requer longa dedicação para que se possa superar os concorrentes. A maioria tem por *filosofia o chavão* "não sou de ferro para me matar". É verdade! Muito mais agradável torna-se ver um bom filme na

TV, estendido num sofá, ao lado do tira-gosto preferido, acompanhado por uma bebida, ou então cair no embalo da sexta-feira à noite e do sábado também, por que não? Porém, essas horas, somadas por semanas, meses e anos farão muita falta e vão doer quando você acordar e perceber que o tempo passou e que os resultados colhidos foram poucos. Por tudo isso, concentremo-nos conseqüentemente em torno de uma meta que poderá trazer realizações significativas.

    Sabemos bem que é preciso dedicar longas horas em conhecimentos que nos tornem melhores especialistas no que fazemos para ganhar a vida, e, assim, para alcançarmos as compensações justas... Vale mais, certamente, investir em conhecimentos hoje, a fim de garantir o amanhã com dignidade e orgulho, que chorar pelo que não conseguimos. Portanto, sejam os especialistas e assim alcancem as recompensas devidas; crie com você mesmo um pacto tão forte, que não possa quebrá-lo em prol do seu futuro. Não adie para amanhã; o momento é hoje e agora! Procure agir concretamente em seu benefício e estabeleça um plano de investimento gradativo; verificará depois de cinco anos o progresso que conquistou — e terá orgulho de si mesmo!

VI

Ainda a Respeito de Comunicação Avançada

Procure recordar-se claramente a respeito do que falamos sobre "metaprogramas". Observe em que sentido se direciona a pessoa com quem você deve negociar. Estimule essa pessoa a falar dos seus planos, a emitir observações e, assim, você irá aumentando seu espectro de informações referente ao cliente e seus planos. Assim sendo, terá condições de conhecer mais, e gradativamente mais chance de julgar melhor o outro. O metaprograma é um poderoso instrumento em suas mãos, para o aprimoramento da qualidade de sua comunicação pessoal.

Cada pessoa tem uma direção a seguir, um jeito de ser, um padrão de agir e de dizer as coisas, uma forma preferida de ouvir e de receber as informações. Há aquele que gosta de conhecer detalhes e aquele que não se interessa por detalhes, quer saber do principal, sem entrar muito em filigramas. O jeito certo de dizer as coisas ao primeiro, assim como para o segundo, é de acordo com o jeito de cada um. Outro exemplo, se o seu interlocutor fala baixo, este não vai querer que você fale alto quando se dirigir a ele. Se o cliente fala muito rápido, o jeito certo de falar com ele será rápido, de preferência. Se o cliente comunica-se pausadamente, ele se sentirá melhor se você se dirigir a ele pausadamente. Assim como os diferentes se afastam, os semelhantes se aproximam.

Portanto, pesquisar e conhecer como são as pessoas com as quais terá de negociar ajudará muito a conquistar as coisas que pretende conseguir delas. Se aprimorar a sua capacidade de avaliação com relação ao ser humano, lembre-se sempre de que as nossas semelhanças nos aproximam e que as nossas diferenças nos afastam. Não estou propondo que deva ser igual a cada pessoa com quem vai negociar. Não se trata disso! Estou propondo que você seja versátil e adaptável em relação à peculiaridade e à singularidade de cada pessoa que passar pela sua frente e com quem irá negociar.

Outro aspecto importante que desejo transmitir-lhe é o seguinte: quando você for estabelecer um contato de negociação e, por algum motivo, tiver de prossegui-lo somente daqui a dez dias ou mais, crie no meio do intervalo alguma novidade que possa favorecer essa negociação, algo assim: "Sr. Fulano de Tal, estava avaliando a conversa que tivemos e resolvi colocar à sua apreciação tal coisa, o que o senhor acha?". Considere que tem de ser algo a que se vai somar à negociação. Torna-se importante uma atitude como a sugerida, pois as pessoas em geral tendem a esquecer ou a esfriar na medida em que muitos dias passam entre um contato e outro.

Trata-se também de uma forma de fazer o cliente pensar que você está ligado nele. Sugiro a seguir um formulário-modelo que deve ser usado para extrair o máximo de cada contato efetivado. Procure enumerar de 1 a 10 os aspectos negativos da negociação/cliente, assim como também os aspectos positivos.

VII

Formulário de Avaliação de Contato

Aspectos negativos	Aspectos positivos
1.	1.
2.	2.
3.	3.
4.	4.
5.	5.
6.	6.
7.	7.
8.	8.
9.	9.
10.	10.

Se não conseguir achar 10 itens de um dos lados, não se decepcione. Sugiro 10 itens, pois assim se cria a possibilidade remota de deixar escapar algum ponto importante. Levando com seriedade a sugestão exposta, você irá verificar o quanto é importante aprender com as nossas experiências sobre cada negociação. Assim como um jogador de xadrez, quando termina uma partida, remonta todos os lances, tanto os dele como os do oponente, para analisar os erros cometidos, o negociador deve fazer a mesma coisa.

Seguindo o roteiro do contato de negociação, você detectará que não é difícil remontar mentalmente e passar o conteúdo para o formulário sugerido. Descobrirá em que poderia ter melhorado, acrescentando, suprimindo e, ao mesmo tempo, por que não o fez. Essa experiência irá ajudá-lo num próximo contato o mesmo cliente, assim como também com um novo.

Procure desenvolver a disciplina da concentração. É difícil concentrar-se quando não se está habituado. No entanto, se assumir consigo mesmo esse compromisso, procurar respeitá-lo e praticá-lo todos os dias, eu lhe garanto: você terá um progresso respeitável em alguns meses, e depois de dois ou três anos, um avanço impressionante. Siga em frente! Eu aposto em você, e lhe digo que depois de algum tempo você terá um grande orgulho de si mesmo por ter chegado onde chegou.

A) Qualidade — Magia ou Tecnologia

Nos tempos da globalização e na era da modernidade, torna-se fundamental adquirir padrões estratégicos e instrumentos fortalecedores para obter sucesso nos negócios. "Qualidade", certamente, é uma proposta vencedora. Refiro-me à qualidade abrangente, plena! Aquela que implica reconstruir filosofia, missão, hábitos, objetivos, padrões e assim por diante.

Creio firmemente que, quando uma empresa decide postular e trilhar o caminho da qualidade, consegue projetar um negócio bem conceituado, e, se for gerenciada com qualidade, certamente deverá ser bem-sucedida.

Apresentaremos no decorrer do livro algumas propostas para que os interessados possam ter referências sobre como começar, quando começar, onde chegar, como chegar, como agir no transcorrer do caminho. Um roteiro, um mapeamento rumo ao destino da qualidade.

B) Dr. Edward W. Deming, Philip Crosby e outros — algumas propostas

Um dos pioneiros da qualidade e certamente seu vulto maior é o Dr. Deming. Tudo começou no princípio dos anos 50. Engenheiro químico de formação, descoberto pelo General Mc Cartey, nomeado pelo governo dos Estados Unidos para reconstruir, com os líderes japoneses, aquele país (Japão) no pós-guerra, Dr. Deming fez da "qualidade" um sacerdócio de vida e implantou-a no Japão, de forma ampla, com a nomenclatura de "qualidade gradativa" (Kaizen). Implantou um verdadeiro conceito filosófico nas fábricas, oficinas, escolas, hospitais, etc. A qualidade tornou-se um verdadeiro modo de vida naquele país, o qual instituiu o prêmio "Deming de Qualidade" para premiar os melhores profissionais do ano.

Este homem já octogenário e de retorno ao seu país de origem (EUA) apresentou uma palestra. Um dos presentes a esse evento era Donald Petersen, presidente mundial da Ford, que se aproximou e convidou o Dr. Deming para que fizesse uma palestra aos diretores de sua companhia. Dr. Deming aceitou o convite e depois de sua palestra o Sr. Petersen disse aos seus diretores: "Nós precisamos desse homem". Resumindo, Dr. Deming foi contratado pela Ford e prestou consultoria por dois anos, no final dos anos 80.

A partir dessa época, a Ford modificou (literalmente) os seus produtos, assim como os nomes desses produtos. O que se sabe hoje é que essa empresa está gozando de excelentes resultados, e suas marcas atuais são bem conceituadas no mercado em geral. O que parece importante é perceber os exemplos deixados pelo Dr. Deming; por onde este homem passou, deixou marcas profundas e implantou um verdadeiro conceito de mudança para o sucesso.

O centro do conceito do Dr. Deming está baseado na necessidade, em assumir um pacto consigo mesmo, de, diária e continuamente, fazer o que você faz, melhor cada vez mais.

Philip Crosby é um dos líderes de "qualidade" nos Estados Unidos, consultor e escritor de grande prestígio internacional. Tem um estilo direto e bastante crítico — costuma dizer que os executivos, em geral, pouco entendem sobre "qualidade". "Se eles entendessem tanto de qualidade, o mundo viveria uma verdadeira epidemia de qualidade (no bom sentido, é claro); entretanto — continua Crosby —, o que eu vejo por aí são empresas precisando mudar muito, para conseguir melhores resultados". Em seu livro "Integração qualidade e Recursos Humanos para o ano 2000", Philip Crosby conta que, certa vez, foi procurado por uma empresa que queria aumentar e melhorar a qualidade de seus clientes. Baseado nisso, ele marcou uma reunião de avaliação e discutiu ao mesmo tempo a perspectiva de vir a prestar os seus serviços.

Lá pelas tantas ele percebeu que a empresa não precisava desenvolver nenhuma campanha para aumentar e melhorar a qualidade dos clientes. Resumindo, ele convenceu a empresa de que era perfeitamente possível atingir os objetivos desejados baseando-se num projeto que visasse aproximar mais os clientes existentes, a partir da qualidade no atendimento, e, em seguida, implantar um roteiro pelo qual os próprios clientes satisfeitos gerariam outros clientes. Assim foi feito, e a empresa cresceu, como também os seus resultados melhoraram muito, conhecendo assim uma fase de prosperidade. Na qualidade de consultores, estamos colocando em prática esse conceito junto aos nossos clientes, e com sucesso.

É possível melhorar a qualidade dos clientes com base em um programa sólido de qualidade no atendimento. A empresa precisa entender que quando se trata de melhorar o atendimento, isso envolve um espectro razoavelmente extenso de idéias e ações. Explica-se: é preciso definir claramente onde a empresa pretende chegar. Uma vez definido isso, é necessário avaliar quais as necessidades em termos de Recursos Humanos, Recursos Financeiros, Recursos Materiais, Instrumentais, Tecnológicos e padrões gerenciais a serem adotados, e fixar metas, prazos e modelos de acompanhamento que deverão ser ágeis para equacionar rapidamente problemas que possam surgir e comprometer o ritmo do projeto em andamento.

Uma vez decididas as ações a serem tomadas, é preciso respeitá-las com devoção, não esmorecer e nem desviar jamais do compromisso que assumiu consigo mesmo. Historicamente, muitos projetos interessantes fracassaram por falta de continuidade, por falta de convicção e crença das pessoas que assumiram a responsabilidade de fazer acontecer esses projetos.

C) *Qual o conceito que o cliente tem do seu atendimento atual. Como você sabe?*

Saber exatamente o que seu mercado pensa a respeito do seu produto/negócio, atendimento, imagem, e saber usar essas informações em benefício da sua empresa e de seus clientes significa "competência". Entretanto, nota-se que raras são as organizações que realmente têm foco nesse sentido e que conseguem vantagens substanciais. Está chegando o momento em que as empresas terão de rever seus valores e suas estratégias para se adequar ao novo cenário competitivo e saber lidar com um novo perfil de consumidores/usuários, extremamente exigentes em face das inúmeras ofertas criativas e vantajosas.

As empresas precisam adotar atitudes sistemáticas com a finalidade de desenvolver aproximação, envolvimento e parceria com os seus mercados, para garantir que os clientes voltem e que isso passe a ser um valor agregado e permanente entre os seus objetivos principais, para que se possa viabilizar as propostas em pauta. É preciso que se crie um padrão de comunicação eficaz e constante. Só assim poderá se cristalizar e tornar realidade o aspecto de conhecer efetivamente o que o *cliente pensa e espera da sua empresa.*

D) *A rigor, qual é o grau de conceito que gostaria de conquistar do seu mercado-cliente?*

Aqueles que sabem claramente a resposta a esta pergunta, seguramente possuem uma vantajosa arma para os seus negócios. Mais uma vez, é importante salientar que realmente nós, que somos consultores, detectamos em poucas oportunidades os possuidores de clareza, quanto ao aspecto de saber nitidamente qual é o conceito que gostariam de desfrutar junto ao seu mercado-alvo.

Neste momento a integração em pauta é uma questão que precisará cada vez mais ser incorporada aos valores e estratégias das empresas, pois, partindo do pressuposto de que o mercado tem de ser avaliado de acordo com os desejos dos empresários, e que estes devem atingir o objetivo em apreço, é necessário formular ações concretas e bem-sucedidas em seus negócios.

Um exemplo: quero que o meu mercado pense que ofereço e entrego produtos de boa qualidade, a preços condizentes, respeitando os prazos, especificações e regras negociadas; que não falharei em momentos de dúvidas nem referente à qualidade da assistência técnica e manutenção; que estarei interessado em conhecer melhor as suas necessidades e propenso a avaliar e estudar melhores alternativas para ambos nos próximos negócios.

Para poder servir melhor ainda nas próximas oportunidades, estas são algumas formulações que todas as empresas deveriam fazer em busca de aperfeiçoar as suas relações com seus clientes.

De agora em diante, ganharão notoriedade aqueles que buscarem definir claramente a imagem e o conceito que gostariam de gozar no seu mercado, naturalmente conseguindo tornar realidade a presente abordagem, em função de suas estratégias e atitudes.

E) *Como sair de uma realidade medíocre e focalizar uma meta vencedora. E mais: como atingir efetivamente a meta desejada*

Existem muitas empresas que gostariam de sair da situação em que se encontram. Podemos observar que a maioria delas se queixa da situação do governo, do mercado e de outras mais. Entretanto, nada fazem, concretamente, para sair da crise gerencial em que se encontram, quase sempre resultante da incapacidade de adaptação a uma nova ordem econômica mercadológica em face das mudanças dos últimos anos, tanto interna como externamente.

Para sair de uma realidade medíocre é preciso encarar os fatos, avaliá-los corretamente, mesmo que sejam desagradáveis, inclusive sabendo que vão ferir a suscetibilidade de pessoas, sócios, fornecedores e outros, em face da necessidade de mudanças, até mesmo as radicais. É preferível salvar os negócios a fazê-los sucumbir por omissão ou incapacidade.

Eu acreditava plenamente que se os responsáveis pelos negócios acompanhassem com mais atenção os acontecimentos da economia de mercado e as mudanças face aos novos ajustes poderiam reagir melhor e mais rapidamente. Em verdade, o que se percebe é que algumas organizações reagem lentamente, quando teriam de reagir com maior velocidade para não sofrerem perdas significativas.

Torna-se possível reverter a situação, ou seja, sair de uma situação medíocre e focalizar uma proposta vencedora, quando alguém decide mudar fazendo um pacto com o sucesso, respeitando rigorosamente as decisões que tomou, principalmente sendo essas decisões beneficiadoras para a empresa. É preciso dedicar tempo às informações de mercado. Diariamente ocorrem mudanças que afetam certos segmentos empresariais, por isso, vale investir em informações que trarão novos conhecimentos, notadamente quando esses conhecimentos dizem respeito aos nossos negócios.

F) *Como selecionar corretamente os instrumentos e as estratégias a serem usadas na busca dos objetivos programados*

Antes de mais nada é importante conhecer bem a realidade do negócio, pois conhecendo as fraquezas suficientemente é possível reunir uma avaliação compatível com a situação e, a partir daí, traçar metas corretivas para reverter o quadro que a empresa apresenta.

Há que se considerar que cada empresa ou negócio em si é original; por isso, cada caso requer um tratamento especial. Nem sempre uma receita que deu certo num negócio poderá também repetir o mesmo sucesso em outro. Quando se trata de selecionar os instrumentos e as estratégias é preciso considerar um aspecto-chave, que é o seguinte: o que especificamente se deseja; que resultado, de fato, se pretende extrair de uma ação; quanto, quando e, finalmente, considerar que todos os passos devem estar sincronizados para garantir que os resultados almejados cheguem.

Um dos paradigmas consensuais entre os profissionais vitoriosos da nossa época é que, daqui em diante, será preciso investir continuamente na educação profissional. Não se trata mais de concluir um curso, como engenharia, administração, química, e pronto! Como se a formação acabasse e, a partir daí, a dedicação fosse unicamente profissional.

Antonio Ermírio de Moraes, líder do grupo Votorantim, na sua coluna dominical do Jornal "Folha de S. Paulo", no dia 28/6/98, expressou, referindo-se ao tema em pauta, o seguinte:

> *"A maior de todas as mudanças é a nossa concepção de Escola. Daqui para frente, a Escola será*

uma instituição a ser freqüentada pelo resto de nossas vidas".

Para escolher os instrumentos e as estratégias vencedoras, será preciso dedicar tempo contínuo, em busca das informações mais eficazes, para tornar as medidas vencedoras. O que deve ficar claro é que para conseguir "mais e melhor que outros", obrigatoriamente será necessário saber mais que os concorrentes.

G) *Como agir para que as pessoas (colaboradores, funcionários, fornecedores e outros) aceitem as mudanças, assimilem as propostas e as atitudes inovadoras que passarão a vigorar na busca pela qualidade total*

Em geral, as pessoas são resistentes às mudanças. Resistem para preservar os conhecimentos e hábitos, mesmo quando esses já não apresentam resultados interessantes. É importante considerar que as pessoas, em geral, são movidas por seus interesses; por isso, torna-se importante compreender que caso se deseje conseguir parceria e envolvimento delas será necessário mostrar o que elas ganharão com essas transformações (bonificação, participação nos resultados, prêmios, segurança, promoção e assim por diante). Caso contrário (se não se mostram vantagens substanciais para as pessoas), elas não se engajarão, não se sentirão motivadas, e as propostas de mudanças fracassarão, principalmente se essas mudanças envolverem mais dedicação, mais esforços.

Há uma expressão que diz o seguinte: "Dê a alguém o que esse alguém quer, e você conseguirá dessa pessoa o que você quiser". As pessoas bem-sucedidas, no campo da motivação, sabem bem da importância dessa colocação. As questões que abrangem uma mudança para a qualidade são várias, e todas passam pela necessidade de motivação das pessoas. Por isso, é bom cultivar na memória esse fator primordial, que irá ajudar, e muito, àqueles que focalizarem o desenvolvimento da qualidade nos seus negócios.

Muitas vezes, além da motivação presente entre aqueles que irão executar as mudanças, far-se-á necessário também ensinar e treinar as novas habilidades que serão usadas no decorrer da implantação, pois não se pode cobrar de alguém que não conhece a nova função executá-la, se esta não lhe for ensinada.

H) *Como comunicar ao seu mercado-cliente a nova fase do seu negócio e aproveitar para conseguir vantagens substanciais para ambas as partes*

Depois de definir as alterações pró-qualidade, é importante informar a respeito dessas mudanças aos clientes, pois elas deverão enfatizar benefícios substanciais a eles. Naturalmente, trazendo qualidade, as modificações tomadas privilegiarão a empresa, e o executivo inteligente saberá mostrar aos clientes que essas mudanças foram escolhidas para aprimorar a qualidade e poder servir melhor os clientes amigos.

O mercado, sentindo que começa a receber os benefícios oriundos das modificações, estará propenso a ajudar quem tomou as medidas fortalecedoras.

Quando menciono a palavra "ajudar", quero dizer que: se os clientes estão felizes por receberem atendimento de qualidade superior hoje, comparado com o que recebiam antes de uma determinada empresa, o dirigente, se quiser, poderá mobilizar esses clientes para recomendar outros futuros clientes. Sabendo montar uma estratégia certa, você poderá conseguir realizar muitos negócios com clientes novos e, ao mesmo tempo, mais negócios com os clientes existentes, o que fará a empresa crescer substancialmente. Foi isso o que fez o comandante Rolim de Moura, da TAM, baseado no sucesso de Jan Carlzon, da SAS, que reverteu a situação da empresa escandinava em plena crise da aviação comercial européia, no final da década de 70 e começo dos anos 80.

Procure desenvolver (daqui em diante) uma relação de afinidades com o seu mercado. Interesse-se em saber mais e mais a respeito de suas necessidades; procure aprender com ele como poderá ajudá-lo melhor. Havendo o clima de parceria e interação, as coisas serão menos difíceis e, assim, as chances de serem bem-sucedidas para as partes envolvidas serão maiores, quando houver a retomada da normalidade.

l) *O seu cliente não está mais interessado em seu problema; está interessado na solução que você pode lhe oferecer...*

Henri Ford, o pai da indústria automobilística, costumava dizer: "não me fale de problema, me apresente a solução". Em geral, problemas aborrecem, não acrescentam nada favoravelmente e, em vez de ajudar, atrapalham quando se deseja criar um conceito positivo junto ao mercado. Em vez de andar por aí justificando falhas e fracassos, concentre-se na solução; sendo assim, estará ocupando-se de alguma coisa que irá criar condições favoráveis aos seus objetivos. Mas quando alguém está ocupado com a busca da solução, não estará numa situação pessimista, e, sim, num clima produtivo, que irá acrescentar construtivamente.

O momento atual, em termos de economia de mercado, é de grandes mudanças. Estamos observando que a estabilidade econômica interna e ao mesmo tempo o avanço da tecnologia globalizada está mudando rapidamente o perfil do negócio vencedor. Vêm crescendo aceleradamente as modificações gerenciais, as estratégias de relacionamento entre fornecedores compradores e os novos hábitos adquiridos pelos consumidores. Estes estão valorizando cada vez mais o seu poder de compra — resultante de maiores ofertas e melhores condições de venda. A abertura da economia e as crises dos países emergentes, incluindo o Brasil, estão criando um novo perfil mercadológico, que terá de ser mais ágil e profissional.

A revista "Exame", de 3/6/98, trouxe como matéria da capa tema ligado ao treinamento profissional: podemos verificar alguns depoimentos de empresários, como o presidente da Amil, planos de saúde, dizendo que enquanto muitos do seu ramo estão mergulhando na crise (Golden Cross, Trasmontano e outros), a Amil cresceu nos últimos anos nada menos que 1.000%. O presidente da empresa credita isso ao investimento na formação do seu quadro de colaboradores e a conseqüente elevação profissional dessas pessoas em função da prioridade que a organização determinou a esse item. O dirigente do Banco de investimento Bozzano Simonsen também afirma, nessa mesma matéria, que o Banco atingiu um crescimento fantástico devido à qualidade dos seus colaboradores, resultante do investimento aplicado em seu treinamento e aprimoramento.

Portanto, podemos afirmar hoje que uma das diferenças — que faz a diferença — está sedimentada sobre a formação e o aprimoramento continuado do profissional. A obtenção das melhores soluções está diretamente ligada à qualidade profissional das pessoas.

J) *Se deseja conquistar o máximo do cliente, deve aprender a ensiná-lo e a convencê-lo de que você tem o melhor para lhe dar.*

Certa vez, existia um executivo de vendas que havia se tornado lenda nos meios empresariais. Todos estavam interessados em conhecer a história de sucesso desse homem. Então, ele começou a agendar os convites recebidos para proferir palestras e apresentar as razões que o haviam tornado tão bem-sucedido. Apesar de crescerem cada vez mais os convites de todos os cantos do país e de outros países, ele repetia sempre a mesma história e o mesmo jeito de contar. Dizia ele: "A razão do sucesso que eu consegui está baseada unicamente em conhecer o cliente, conhecer os seu problemas e depois procurar convencê-lo de que eu posso ajudá-lo".

Simples o depoimento mencionado por esse homem, entretanto, sabemos bem que não é fácil cumprir a presente proposta. Vejamos: para conhecer o cliente, é preciso interessar-se por ele, saber ouvi-lo, dedicar-lhe atenção, mostrar-se vivamente interessado em conhecer suas necessidades, avaliar com ele as possíveis saídas, e, depois, procurar convencê-lo de que você pode ajudá-lo. Tudo isso passa por vários estágios — atenção, confiança, empatia, conhecimento, paciência, humildade, dedicação, etc.

O momento exige muita dedicação e boa qualidade no atendimento ao cliente, pois se não fizer negócio com você, ele o fará com o concorrente. Muitas vezes o comprador não privilegia porque fulano tem o preço mais baixo. Estamos acostumados a testemunhar alguém que, muitas vezes, compra de outro alguém, em especial porque foi bem atendido pela opção anterior, e isso se torna o diferencial que leva o cliente a agir favorecendo certo fornecedor em detrimento de outro.

Deve-se dedicar atenção concomitantemente à quantidade e qualidade das alternativas que você poderá focalizar, para não permitir que o cliente possa escapar sem fazer negócio com você. É preciso ter várias opções para não perder vendas. Quanto mais abrangente a quantidade e a qualidade do seu repertório, melhores serão as suas chances de sucesso.

K) Como fazer de cada cliente um instrumento para gerar dez novos outros

Algum tempo passado foi publicado no Jornal *O Estado de S. Paulo* uma matéria do consultor em qualidade Conrado Cagliari, com o título "Cliente, uma conquista delicada". Utilizando pesquisas de várias instituições especializadas em pesquisas mercadológicas, a matéria em questão procurava provar que é possível gerar até dez novos clientes por meio de um cliente satisfeito. Evidentemente, para que isso possa tornar-se possível, será preciso montar um roteiro de ações pró-qualidade. Vejamos: procure exceder a expectativa do seu cliente. Você pode exceder a expectativa de alguém, se der mais a ele do que esperava receber, ou seja, pequenos acréscimos como prazo de entrega: você prometeu entregar em 10 dias, e, a rigor, conseguiu entregar em 9, ou, em vez de entregar às 12 h, conseguiu entregar às 11 h. Enviar inesperadamente (para o cliente) uma gama de ofertas que ele não esperava. Procure saber o dia da fundação da empresa de seu cliente e nesse dia envie-lhe um brinde, um troféu confeccionado especialmente para esse dia ou um caloroso telegrama, etc.

Existem inúmeros motivos e formas para superar a expectativa dos clientes. O mais importante é desenvolver uma verdadeira estratégia nesse sentido; em outras palavras, utilizá-la concretamente como instrumento (exceder expectativa) para conseguir melhorar a qualidade de relacionamento com o mercado. Esteja certo de que, se adotar a presente proposta como arma para gerar mais e melhores negócios, atingirá esse objetivo se agir com dedicação e aplicando essa sugestão.

Não há dúvida, como *afirma Tom Peters*, autor de "Vencendo a Crise", "aqueles que estão mais perto de seus clientes, foram as empresas que menos sentiram a crise" — referia-se o autor à crise vivida por muitas empresas norte-americanas por ocasião da invasão de produtos japoneses no final da década de 70 e começo dos anos 80.

BTQ — É sigla de uma empresa de consultoria especializada em *qualidade*, sediada em Boston — USA, que, realizando uma grande pesquisa junto às principais empresas norte-americanas, chegou à conclusão de que as 1.200 empresas mais lucrativas daquele país, foram também as que melhores salários pagavam, e as que mais investiam em tecnologia e qualidade — portanto, não é difícil concluir que aqueles que alcançaram os melhores resultados foram também os que possuíam as melhores tecnologias de processos, administração e Recursos Humanos. Por conseguinte, podemos concluir que investir em qualidade é o grande instrumento de sucesso da modernidade.

Torna-se importante compreender também que quando se fala em buscar e agir — por meio da *qualidade* —, está se falando de uma abordagem de análise, elaboração e implantação de um conjunto de fatores que integra o que queremos, onde pretendemos chegar, como pretendemos chegar, a escolha dos meios, instrumentos materiais, comportamentais, gerenciais, estratégias; não permitir que o pessimismo, o cansaço, os percalços, as dificuldades, a falta de garra, o comodismo, etc. possam minar e arrefecer seus objetivos maiores.

L) *Alguns grandes vencedores — como agiram, como conseguiram*

John Naisbitt é autor de um dos grandes livros da modernidade, cujo título é "Megatendências". Aí encontra-se depoimento do autor dizendo como foi difícil concluir a obra, e que ele se alimentava diariamente, para seguir adiante, de uma expressão que ouviu certa vez ser pronunciada por alguém que admirava. A frase/pensamento é *"não existem problemas, o que existem são obstáculos, e os obstáculos são desafios que nos dão as oportunidades para o nosso crescimento"*. (Abrahm Lincoln). Considerado pelos norte-americanos o maior dentre os maiores presidentes, nasceu pobre, foi lenhador, estudou com dificuldade e tornou-se advogado. Concorreu a nove eleições, perdeu todas. Não desistiu, na décima vez, concorreu e ganhou aos sessenta anos de idade, e tornou-se uma lenda.

Amador Aguiar, fundador do Bradesco, foi tão pobre e humilde quanto Lincoln. E não é preciso dizer aquilo que todos já sabem: ele construiu o maior banco do Brasil e da América Latina.

Ayrton Senna, Pelé, Bill Gates, Ted Turner, Steven Spilberg, Sr. Honda, Akio Morita e outros tantos — o que essas pessoas têm em comum, apesar de parecerem tão diferentes? O que elas têm em comum, chama-se "poder". Querer fazer e efetivamente fazer!

É isso que essas pessoas e outras, extremamente bem-sucedidas, têm em comum. Comparativamente, um pequeno grupo de pessoas conseguiu atingir o topo do sucesso em relação a milhares de outras anônimas e malsucedidas.

Hoje em dia existem técnicas específicas por intermédio de cursos/treinamentos, para aprender e praticar como alcançar "poder". Uma dessas técnicas mágicas chama-se "PNL — programação neurolingüística". No curso que apresentamos, com o título "técnica de comunicação pessoal avançada para conseguir poder e sucesso", utilizamo-nos da PNL, para ajudar os participantes a atingirem os seus objetivos.

Tudo o que você consegue na vida passa por dois caminhos impreteríveis, que são: *qualidade da sua comunicação e qualidade da sua decisão*. Se você não puder criar mentalmente motivação, crença, convicção e habilidade de agir, entre outras coisas, então não conseguirá avançar nos seus objetivos. No curso mencionado, ensinamos e treinamos os participantes a poder conseguir o poder! A partir daí, você estará preparado para percorrer os caminhos do sucesso.

Conclusão

1) Estou convencido de que lhe passei as metas para se tornar muito mais eficaz do que você é hoje. Agora você está sabendo que não existe o ser superior ao nascer, e sim pessoas que produzem a superioridade a partir de informações e conhecimentos. Alguém produz a superioridade a partir do momento que consegue interferir na sua representação mental interior, conduzindo a sua mente para pensamentos e propostas que poderão trazer contribuições favoráveis a si mesmo. Por intermédio de um treinamento sistemático, você poderá intervir sempre que quiser para programar o seu pensamento em prol de seus projetos.

Agora que você sabe como funciona a mente humana, irá alimentar o seu cérebro de pensamentos positivos. Treiná-lo sem interrupção para que ele seja povoado de representações ótimas: isso se chama poder! Com o poder da sua representação interior, a condução aos objetivos elevados e a entrada em ação concreta, ninguém poderá detê-lo de alcançar as suas metas.

Crie um projeto viável a você e ponha-se em ação. Esse é um direito que ninguém pode negar-lhe, a não ser as suas próprias fraquezas, que você está abandonando definitivamente. Lembre-se de que se alguém foi capaz de realizar uma grande obra, você também pode. Para obter essa finalidade, você tem à sua disposição a técnica da "modelagem". Tendo o projeto (de preferência que já seja um sucesso), terá de ir atrás da receita. Procure usar a experiência do confeiteiro e copie todas as etapas, e assim alcançará o resultado similar. *Modelagem* é uma arma poderosa para se alcançar mais rapidamente os objetivos pretendidos.

Inclusive, agora você tem à sua disposição a fórmula de como oxigenar melhor o seu físico e a sua mente. Por meio de um hábito de condicionamento da sua saúde física e mental, você terá mais disposição e energia. Assim sairá ganhando mais e usufruirá melhor o seu sucesso.

Quanto à "eliciação de estratégia", a essa altura, você já sabe como funciona. Na primeira oportunidade que surgir, procure praticá-la, e assim constatará como é impressionante o seu resultado. Eliciando a estratégia de alguém, você perceberá que a pessoa irá reagir de forma espontânea, interessada em você, e se sentirá atraída por estar na avaliação de alguém que se parece muito com ela. Eliciando a estratégia de qualquer pessoa, você criará um clima de confiabilidade e conseguirá atingir mais rapidamente seu plano junto a essa pessoa.

2) Você possui agora o poderoso instrumento de julgar acertadamente as pessoas por meio de "hierarquias de valores". Sabendo quais são as hierarquias de valores das pessoas, quais são seus valores mais altos, você saberá lidar com elas com muito mais sucesso. Saiba que as pessoas em geral procuram andar em harmonia com os seus valores, e, se alguém ferir um ou mais desses valores, esse alguém entrará em rota de colisão com quem quer que seja. Se você deseja conseguir prestígio com alguém, procure conhecer os seus valores e respeitá-los, assim criará um ambiente de satisfação, um relacionamento bem-sucedido e duradouro para vocês.

As chaves-mestras da prosperidade e da felicidade são: frustração, rejeição, pressão financeira, acomodação, sempre de mais do que espera receber. Hoje você sabe da importância de saber lidar com estas questões. Saber controlar a frustração, a rejeição, a pressão financeira e a acomodação será vital para você se tornar um sucesso.

Dar para os outros (carentes) parte do que você ganha, que maravilha! Saiba que isso é fantástico para a sua realização interior — e mais! Que orgulho sentirá de você mesmo. Lembre-se: dê aos necessitados o que estiver ao seu alcance e como recompensa receberás em dobro — *Bíblia*.

Hoje você sabe do poder da fisiologia posta em movimento. Cinqüenta e quatro por cento do poder de nossa comunicação pessoal estão sedimentados sobre a fisiologia. Se quiser acionar uma comunicação poderosa, coloque em movimento o conjunto de sua fisiologia e terá como resposta o efeito poderoso que isso causará em qualquer pessoa com quem você estará negociando. Fique ligado e saiba mais uma vez: a qualidade de vida que você leva está diretamente relacionada com a qualidade de comunicação que você consegue produzir. Nunca veja um "não" como fim de linha para as suas pretensões; aceite-o como oportunidade para romper barreiras, para remover obstáculos. As pessoas mais realizadas que conheço são as aquelas que mais vezes ouviram um "não" e nem por isso pararam. Muitas pessoas estão propensas a dizer "sim"! Apenas aguardam as justificativas e os momentos mais oportunos para pronunciar essa palavra mágica, que produz uma sensação muito especial em todos nós.

Mestre comunicador: guarde continuamente o exemplo dos mestres comunicadores (do chaveiro que abre o cofre). Ouvir o que não ouvia antes, ver o que não via antes, perguntar o que não perguntava antes. Preste atenção nas filigramas das coisas, dos gestos das coisas que não foram ditas com palavras, mas que foram comunicadas por meio de um olhar ou de um gesto sutil.

3) Coloco neste livro uma proposta clara de como superar as expectativas dos seus atuais e futuros clientes. Trata-se de um roteiro simples, de concepção compreensível por qualquer leitor que deseja extrair de um relacionamento o máximo de resultado. Superando a expectativa de qualquer cliente você terá estabelecido com ele um pacto voluntário muito forte. Isso gerará para o futuro oportunidades crescentes com esse cliente, e por meio dele poderão vir muitos outros clientes.

Coloque em suas mãos também um roteiro de qualidade — principalmente focalizando a excelência no atendimento. Como dissemos em páginas anteriores, um dos novos valores que veio para ficar é a "qualidade". Tudo o que fizer daqui em diante terá de ser de qualidade; somente dessa forma você marcará uma presença bem sucedida. Qualquer destaque, seja qual for o seu ramo de negócio, não caminhará satisfatoriamente se não inserir em sua jornada a "qualidade". Você deve ter percebido que falamos predominantemente focalizando a qualidade da comunicação pessoal, para conseguir êxito no relacionamento com as pessoas.

Apesar de ser um tema em grande evidência, verificamos regularmente todos os dias quantos negócios não prosperam, entre outros motivos, o da falta de uma qualidade no desenvolvimento das relações entre as partes interessadas. Faça uma experiência pessoal interessante: saia a visitar cinco lojas, procure um produto de uma marca específica, estimule o diálogo, faça uma pergunta como: existe outro produto similar em condições mais interessantes? Procure saber o porquê? Continue fazendo algumas perguntas. Após sair de cada loja, faça uma análise retrospectiva da visita. Lembre-se do primeiro olhar, do cumprimento das primeiras palavras, da iniciativa, da dicção, da postura, das informações passadas, das dificuldades criadas, e assim por diante.

Você ficará decepcionado com o resultado das visitas. O que ocorre é que raros são os lugares em que as pessoas do atendimento receberam instruções profissionais específicas para conseguir um resultado de boa qualidade num atendimento ao cliente.

As grandes redes são as que mais estão buscando dotar os seus colaboradores de treinamentos profissionais adequados, para que estes possam conseguir mais e melhores vendas. Quero enfatizar que, apesar de ser um tema em grande evidência, ainda falta muito a percorrer para que os profissionais de atendimento e negociação possam atingir um nível elevado de credenciamento profissional, no tocante à qualidade. No roteiro deste livro, você tem uma proposta concreta nesse sentido.

Eleve os seus sonhos, os seus projetos; trace metas elevadas para atingir; acalente um grande sonho. Você tem direito a essas coisas. Lembre-se: as pessoas que mais realizam são também as que mais e mais alto sonharam!

Não importa quantos tombos você já levou.

Vou deixá-lo com esta maravilhosa frase! "O perdedor da oportunidade cria dificuldade; o vencedor, da dificuldade cria oportunidade". Crie as suas oportunidades e será um vencedor!

Luis Villalba

MADRAS® Editora — CADASTRO/MALA DIRETA

Envie este cadastro preenchido e passará receber informações dos nossos lançamentos, nas áreas que determinar.

Nome _____
Endereço Residencial _____
Bairro _____ Cidade _____
Estado _____ CEP _____ Fone _____
E-mail _____
Sexo ☐ Fem. ☐ Masc. Nascimento _____
Profissão _____ Escolaridade (Nível/curso) _____

Você compra livros:
☐ livrarias ☐ feiras ☐ telefone ☐ reembolso postal
☐ outros: _____

Quais os tipos de literatura que você LÊ:
☐ jurídicos   ☐ pedagogia   ☐ romances ☐ espíritas
☐ esotéricos ☐ psicologia   ☐ saúde   ☐ religiosos
☐ outros: _____

Qual sua opinião a respeito desta obra? _____
_____

Indique amigos que gostariam de receber a MALA DIRETA:
Nome _____
Endereço Residencial _____
Bairro _____ CEP _____ Cidade _____

Nome do LIVRO adquirido: Comunicação Avançada

MADRAS Editora Ltda.
Rua Paulo Gonçalves, 88 - Santana - 02403-020 - São Paulo - SP
Caixa Postal 12299 - 02098-970 - S.P.
Tel.: (0_ _11) 6959.1127 - Fax: (0_ _11) 6959.3090
www.madras.com.br

Para receber catálogos, lista de preços
e outras informações escreva para:

MADRAS
Editora

Rua Paulo Gonçalves, 88 — Santana
02403-020 — São Paulo — SP
Tel.: (0_ _11) 6959.1127 — Fax: (0_ _11) 6959.3090
www.madras.com.br